HEYNE BÜCHER
SACHBUCH

Gert Semler

Die Lust an der Angst

Warum Menschen sich freiwillig extremen Risiken aussetzen

WILHELM HEYNE VERLAG
MÜNCHEN

HEYNE SACHBUCH
19/527

Dieses Buch erschien bereits in der Reihe Lebenshilfe unter der Bandnummer 17/126.

Dieses Buch wurde auf chlor- und säurefreiem Papier gedruckt.

Ungekürzte Taschenbuchausgabe
im Wilhelm Heyne Verlag GmbH & Co. KG, München

Printed in Germany 1997
Umschlagillustration: Das Fotoarchiv/Pat Morrow, Essen
Umschlaggestaltung: Atelier Adolf Bachmann, Reischach
Gesamtherstellung: Presse-Druck Augsburg

ISBN 3-453-12303-4

Inhalt

Auf das Glück warten ist dasselbe wie auf den Tod warten.
Zen

Prolog

Castillo del Papagaio, am 22. Juli 1992

Ich sitze in den Klippen am Affenfelsen und denke über das Buch nach, das ich in den nächsten neun Wochen hier schreiben möchte.

Völlig absurd! Sich in dieser Umgebung mit Angst zu beschäftigen. Im Moment empfinde ich nichts so wenig wie Angst! Die traumhafte Kulisse dieser Küste, die einmalige Mischung aus sanften Pastelltönen und grober Naturgewalt, erzeugt in mir viel eher das Bedürfnis, mich ganz den Sinnesfreuden hinzugeben und Denken Denken sein zu lassen.

Aber die rechte Stimmung will sich nicht einstellen. Die Pflicht ruft und findet in mir ein dankbares Opfer. Und mit der inneren Unruhe, der leichten Anspannung in meiner Brust, tauchen auch die ersten Bedenken auf. Werde ich mit dem Thema zurechtkommen, habe ich überhaupt etwas dazu zu sagen? Und selbst wenn, werde ich es schaffen, ein Buch daraus zu machen? Was wird sein, wenn ich, anstatt des erwarteten Manuskripts, nur ein paar nette Urlaubserinnerungen mit zurückbringe? Was wird die Familie sagen, was die Freunde, was der Verlag?

Nun ja, der Verlag macht mir eigentlich keine großen Sorgen! Man wird wahrscheinlich enttäuscht sein, die Entscheidung bedauern, sich auf dieses Projekt eingelassen zu haben. Aber ernste Konsequenzen habe ich kaum zu befürchten. Schlimmstenfalls ein Achselzucken. Wenn's nicht geht, geht's halt nicht! Schade nur um das Thema; das sei wirklich sehr spannend. Aber vielleicht findet sich ja irgendwann einmal ein anderer Autor...

Ob meine Familie, meine Freunde, die Kollegen ebenso verständnisvoll darauf reagieren werden? Wird mich Häme erwarten? Schadenfreude? Verstehen könnte ich es ja. Zu viel Wind habe ich gemacht, zu oft erzählt, was ich alles vorhabe, jedem, der es hören wollte (und wohl auch manchen, die es nicht hören wollten).

Meine lauten Ankündigungen waren natürlich nicht nur pure Aufschneiderei! Mit ihnen wollte ich mich selbst unter Druck setzen, um damit zu verhindern, daß ich mich irgendwann der vielleicht auftretenden Unlust hingeben und das ganze Vorhaben einfach abbrechen könnte.

Und jetzt ist es prompt so weit. Schon am ersten Tag! Ich bin im Moment etwas ratlos, habe keine Ahnung, wie ich anfangen, geschweige denn ein ganzes Buch schreiben soll.

Sieh an – so könnte es gehen. Ich habe es auch oft genug propagiert: Wenn eure Gedanken festhängen, wenn ihr einen Block habt, dann bewegt euch, geht auf und ab, geht spazieren. Das Gehirn liebt Bewegung. Wenn es steckengeblieben ist, genügt manchmal ein leichtes Anschieben, um es wieder in Gang zu setzen, so wie bei Spielzeugautos mit Schwungradantrieb. Und wenn es zu schnell geht, wenn die Gedanken zu rasen anfangen oder sich im Kreis drehen? Dann bleibt stehen und gebt eurem Gehirn Gelegenheit, sich wieder zu beruhigen.

Das Diktaphon in der rechten Hand, klettere ich zwischen den Felsen umher und registriere fasziniert, wie mich jeder Schritt dem Gedanken an das Buch näherbringt.

Bis sich plötzlich ein neues Hindernis ankündigt... Was sich da nämlich südlich meines Steißbeines tut und mein Gehen zunehmend erschwert, wird spätestens morgen eine Hämorrhoide sein. Ich habe seit mindestens 15 Jahren keine Hämorrhoiden mehr gehabt! Sollte etwa – sollte dieses kleine Geschwür Ausdruck eines tieferen psychosomatischen Geschehens sein? Oder handelt es sich bei meiner momentanen Unlust und dem Auftreten einer Hämorrhoide doch um eine zufällige Kovariation voneinander unabhängiger Erscheinungen?

Diesen Überlegungen noch nachsinnend, nehme ich im Augenwinkel eine Bewegung wahr. Ein winziges, rotes Etwas kämpft unverdrossen gegen die immer wieder neu anstürmenden Wellen an und versucht Schutz in einer Felsnische zu finden. Respekt, Respekt! Vielleicht sollte ich mir an dem Kleinen ein Beispiel nehmen und einfach anfangen – dort wo alles begann.

Nein! Natürlich nicht ganz zu Beginn. Die ersten Versuche, als fünfjähriger Knirps vom Garagendach aus mit einem Regenschirm die Schwerkraft überwinden zu wollen, werde ich übergehen. Richtig begonnen hat es ja eigentlich erst 1980...

Mößling, am 7. September 1980

Der Motor heult auf und wird auf Höchstdrehzahl gebracht. Die ganze Maschine zittert und vibriert. Gleich wird sie explodieren – was für ein unrühmliches Ende!

Endlich, nach einer halben Ewigkeit, löst der Typ vor mir die Bremsen. Die Maschine rast los und ich werde gegen die Rückenlehne meines Sitzes gepreßt. Mein Puls schnellt in die Höhe. Ich versuche es halbherzig mit Entspannungsübungen, aber vergebens. Der Kloß in meinem Hals wird immer größer, und ich schnappe wie ein Fisch im Trocknen nach Luft. Der Lärm ist ohrenbetäubend.

Die Wilga jagt beängstigend schlingernd über die holprige Betonpiste und hebt, nach mehreren Bocksprüngen, mühelos ab. Einige Sekunden geht es geradeaus, dann machen wir eine Linkskurve und schrauben uns steil in den Himmel hinauf. Viel zu steil – das geht schief, meldet sich mein fliegerischer Sachverstand aus der Magengegend. Gleich werden wir abschmieren.

Nichts dergleichen geschieht. Der Pilot fliegt die Kurve aus und reduziert dann den Steigwinkel. Gegen den Fahrtwind ankämpfend, versuche ich einen letzten Blick auf die Erde zu erhaschen. Keine Chance. Meine Augen tränen so stark, daß ich kaum etwas sehe.

Langsam werde ich etwas ruhiger. Daß allein das Fliegen mit so einer kleinen Kiste so aufregend ist – wer hätte das gedacht. Und das Schlimmste kommt ja noch! Bei dem Gedanken daran verkrampft sich mein Herz. Ich versuche, langsam und tief durchzuatmen – und habe Schwierigkeiten, überhaupt Luft zu kriegen. Leicht panisch geworden, verfalle ich in zu schnelles Atmen und bin froh, als ich es schließlich schaffe, meinen Sauerstoffbedarf wieder einigermaßen zu decken.

Meine beiden Begleiter scheint all dies nicht sonderlich

zu berühren. Sie sitzen gelassen neben mir und schauen aus dem Fenster. Kein Wunder, die kriegen ja auch nicht den ganzen Fahrtwind durch die offene Tür ab! Klaus, mein Lehrer, wirft mir ab und zu einen aufmunternden Blick zu. Den kann ich gebrauchen. Wenn der wüßte...!

Als er sich dann zu mir hinüberbeugt, um den Reißverschluß an meinem Overall zuzuziehen, durchströmt mich ein Gefühl von Wärme und Dankbarkeit. Auf den kannst du dich verlassen...der läßt dich nicht im Stich! Am liebsten würde ich mich auf seinen Schoß setzen und ihm mein Leid klagen. Aber nein! »Beneidest du mich nicht ein bißchen?« frage ich plötzlich den anderen Mitflieger. »Für dich ist das alles doch schon Routine.« Wahrscheinlich hat mich das Zittern in meiner Stimme verraten. Ich bekomme einen freundlich-besorgten Blick zurück.

Wir sind jetzt nach einer Flugzeit von knapp fünfzehn Minuten in 600 m Höhe und ich sehe, wie Klaus dem Piloten Anweisungen gibt. Dann nickt er mir freundlich zu. Es ist soweit! Ein kalter Schauer durchfährt meinen Körper. Vorbei ist's mit der Koketterie. Jetzt gilt's!

Wie in Trance fasse ich nach den beiden Haltegriffen und ziehe mich, am ganzen Körper zitternd, aus dem Sitz hoch. Klaus holt mich in die Realität zurück: »Was ist das wichtigste beim Springen?« »X-Lage, Kopf in den Nacken, Hohlkreuz«, stöhne ich. Ein aufmunterndes Nicken. »Dann kann ja überhaupt nichts schiefgehen.«

Ich schiebe mich kopfvoraus durch die enge Türöffnung. Der Fahrtwind raubt mir den letzten Atem. Heftig nach Luft japsend, werfe ich einen kurzen Blick nach unten. Und dann schlagen meine Gedanken Purzelbäume. Was, verdammt noch mal, will ich eigentlich hier? Flugzeuge sind doch zum Fliegen da und nicht zum Rausspringen. Was hab' ich da draußen überhaupt verloren? O Gott, warum tue ich mir das bloß an?

Einleitung

Warum tue ich mir das an? Dieser stumme Schrei der Verzweiflung, des Nichtbegreifens, unmittelbar vor meinem ersten Sprung, beschäftigt mich seit dem 7. September 1980 und wird mich auch noch über dieses Buch hinaus immer wieder zum Nachdenken, zur Auseinandersetzung mit mir selbst zwingen.

Warum tun es sich so viele andere an – Risikosportler wie Bergsteiger, Drachenflieger, Taucher, Wildwasserkanuten, aber auch Teilnehmer an Überlebenstrainings, Abenteuertouristen, Höhlenforscher und all die anderen, die das Risiko suchen?

Sind sie Masochisten, haben Freude am eigenen Leiden – oder weiden sie sich an den Sorgen, die andere sich um sie machen? Sind sie etwa von der vielzitierten Todessehnsucht beseelt? Vielleicht sind sie nur einfach Verrückte, die mit ihrer Zeit nichts Sinnvolles anzufangen wissen?

Ein bißchen verrückt muß man schon sein, um sich freiwillig in Gefahr zu begeben, sich ohne zwingenden Grund Situationen auszusetzen, in denen Leib und Leben existentiell bedroht sind. Denn daran besteht kein Zweifel! Gefahren sind es wirklich, mit denen sie es zu tun haben. Jahr für Jahr bezahlen allein Tausende von Bergsteigern, Fallschirmspringern und Gleitschirmfliegern ihre Leidenschaft mit ernsthaften Verletzungen oder sogar mit dem Tod.

Wahrscheinlich sind sie alle Draufgänger und Hasardeure, die letzten wirklichen Helden, Überbleibsel einer Zeit, in der Mut und Furchtlosigkeit noch zu den wahren Mannestugenden zählten. Ihr Problem ist: Sie haben keine Angst!

Ja, auch so möchten viele dieses Phänomen verstanden wissen. Und tatsächlich gibt es Fallschirmspringer, die das sofort unterschreiben würden. »Angst? Beim Springen? Nein! Ich spring' halt raus, dann zieh' ich und dann bin ich wieder unten. Wovor sollte ich da Angst haben?« (Originalzitat!) Vorsicht, meine Herren (und Damen), die solchem Machismo frönen! Fallschirmspringer standen schon in den 60er Jahren Psychologen Rede und Antwort, und was sie dabei offenbarten, spricht für sich: eine ungewöhnlich starke Angst vor und während des Sprungs. (Welch Balsam für meine wunde Seele – die anderen haben auch Angst!) Und dies gilt nicht nur für Anfänger, wie man zunächst meinen möchte, sondern auch für erfahrene Springer. Während sich die Angst allerdings bei den Erstgenannten sowohl erlebnismäßig als auch physiologisch nachweisen ließ, zeigte sie sich bei den »Profis« nur noch auf der physiologischen Ebene, das heißt in ihren körperlichen Begleiterscheinungen.

Angst scheint also immer mit im Spiel zu sein. Und wir können vermuten, nicht nur beim Fallschirmspringen, sondern bei allen Aktivitäten mit einem hohen Gefährdungspotential. Mit dieser »Erkenntnis« wird der Sachverhalt allerdings keineswegs klarer. Wir haben es dann nämlich mit Menschen zu tun, die einer gefährlichen Tätigkeit nachgehen, sich ihrer Gefährdung bewußt sind und auf diese Gefährdung ganz normal und vernünftig reagieren, nämlich mit Angst. Ja, um Himmels willen, warum tun sie es dann?

Vielleicht weiß die Psychologie eine Antwort. Sie sagt uns, daß niemand freiwillig eine Situation aufsucht, die nur unangenehme Merkmale hat. Wenn Menschen dieser Annahme zufolge in risikoreichen Situationen nur die Gefahr sehen würden, wären sie aller Probleme entledigt: sie würden solche Situationen einfach meiden.

Aber offenbar hat das Risiko auch eine gewisse Attraktivität. Und eben dieses Sich-angezogen-Fühlen könnte einen Konflikt auslösen. Einerseits möchte man in den Nutzen der angenehmen Aspekte gelangen, andererseits aber die unangenehmen Konsequenzen vermeiden. Eine Auflösung dieses, wie es in der Fachsprache heißt, *Annäherungs-Vermeidungs-Konflikts* ist nur möglich, wenn eine der beiden Alternativen Vorzüge gegenüber der anderen aufweist.

Für die meisten Menschen stellt sich dieser Konflikt in Risikosituationen nicht. Sie mögen sich zwar bis zu einem gewissen Grad angezogen fühlen, entscheiden sich aber nach Abwägen der Vor- und Nachteile – Lustgewinn gegenüber Verletzungs- oder Tötungsrisiko – gegen ein persönliches Engagement und damit für Vermeidung. Anders hingegen diejenigen, die schließlich ihre Angst überwinden und den Sprung wagen. Sie lösen den Konflikt zugunsten des Risikos und versprechen sich daraus einen wie auch immer gearteten Gewinn.

Damit ist zwar noch nicht geklärt, weshalb sich Menschen ohne Not Gefahren aussetzen, aber die Fragestellung wird nun etwas prägnanter. Sie lautet jetzt: Welchen Gewinn läßt die Auseinandersetzung mit dem Risiko erwarten, beziehungsweise was an ihr ist attraktiv genug, um mit der Angst zu konkurrieren? Und, wenn wir den Akteur in den Vordergrund unserer Überlegungen rücken: Inwieweit hängt dieser Gewinn von seinen Anlagen, Fähigkeiten, Motiven, Bedürfnissen und Einstellungen ab?

Viele dieser Menschen suchen, wie wir wissen, Risikosituationen nicht nur ein- oder zweimal oder über einen sehr kurzen Zeitraum auf, sondern häufig genug jahrzehntelang. Es ist schwer vorstellbar – und hieraus ergibt sich eine weitere wichtige Frage –, daß jemand, der beispielsweise seit dreißig Jahren bergsteigt, dies nach all den Jahren noch aus genau denselben Gründen tut, wie sie für den Beginn seiner Karriere ausschlaggebend waren. Neben der Frage nach der Auslösung oder Verursachung von Risikoverhalten stellt sich also auch die Frage nach den Gründen für seine Fortsetzung beziehungsweise seine Aufrechterhaltung.

Das Bild, das sich die Öffentlichkeit von Menschen macht, die sich in derartigen Situationen exponieren, ist meistens etwas zwiespältig. Einerseits werden sie um ihre vermeintliche Furchtlosigkeit beneidet – zum Teil bringt man ihnen auch Bewunderung entgegen –, andererseits unterstellt man ihnen aber auch einen Mangel an Ernsthaftigkeit, Verantwortungsbewußtsein und Zielstrebigkeit. Übersehen wird dabei, daß diese Menschen möglicherweise mit mehr Absicht und Bewußtheit bei ihrer »Sache« sind, als ihnen zugetraut wird. Wenn dem so ist, müssen wir uns auch fragen, welchen Gewinn ihre Leidenschaft verspricht. Profitieren sie in irgendeiner Weise von ihrem Sport, ihren Aktivitäten, über deren Ausübung hinaus? Verändern diese ihr sonstiges Leben, gibt es eine Art Transfer auf andere Lebensbereiche, oder stellt die Risikoaktivität einen isolierten Bestandteil der Gesamtperson dar, die keinen Bezug zu anderen Lebensvollzügen hat – das sind Fragen, die sich daran unmittelbar anschließen. Und schließlich: Was kann es für die Entwicklung der Person insgesamt bedeuten, welche Perspektiven liegen darin, sich mit existentiellen Gefahren, mit Ängsten und damit auch mit Grenzen zu konfrontieren?

Wenn ich mir die Fragen jetzt nochmals durchlese, zwingt es mich an den Ausgangspunkt zurück. Warum tue ich mir das an? Das sieht nach ziemlich viel Arbeit aus!

Ja, das wird es auch sein – ziemlich viel Arbeit. Aber nicht nur! Auch notwendige (und hoffentlich lustvolle) Auseinandersetzung mit einem Thema, das mich seit mehr als zehn Jahren begleitet und nachhaltig beeinflußt hat. Und es ist höchste Zeit, meine Gedanken dazu endlich einmal zu ordnen und die vielen Bruchstücke zusammenzufügen.

Also: Ready – Set – Go

1. Kapitel

Risikosucher und ihre Leidenschaft

Die Lust an der Angst, ein Titel, der provoziert, auch provozieren soll – und der in seiner scheinbaren Widersprüchlichkeit zunächst nur Rätsel aufgibt. Um die eigene Angst handelt es sich, das wissen wir schon, aber wohl auch um irgendeine Form von Lust. Etwa eine Lust, die das Erleben von Angst erträglicher, ja sogar erstrebenswert erscheinen läßt?

Vielleicht! In jedem Fall geht es in diesem Buch um Menschen, die immer wieder mit Situationen zu tun haben, in denen sie eine starke Angst verspüren. Diesen Situationen sind sie aber nicht etwa als hilflose Opfer eines ungnädigen Schicksals ausgeliefert.

Im Gegenteil: Sie suchen sie aktiv und im Bewußtsein der möglichen Konsequenzen auf. *Sensation Seeker* werden sie deshalb manchmal genannt, Menschen also, die ständig auf der Suche nach Außergewöhnlichem sind, nach Thrills oder, allgemein, nach intensivem, anregendem Erleben. Wir werden im folgenden von *Risikosuchern* sprechen, weil für die Situationen, mit denen sie es bevorzugt zu tun haben, das Wort *Sensation* nicht ganz passend erscheint. Diese Situationen haben nämlich, so unterschiedlich sie sonst auch sein mögen, ein gemeinsames, verbindendes Element: Sie sind risikoreich und bergen große Gefahren in sich, zu Schaden an Leib und Leben zu kommen.

Risikoverhalten zeigt sich exemplarisch in vielen Formen des Rennsports. Ob mit dem Auto, dem Motorrad, dem Boot, dem Flugzeug, dem Bob oder den Skiern – fast jede Fortbewegungsart bietet reichhaltige Möglichkeiten, sich dem Rausch der Geschwindigkeit hinzugeben und dabei an die Grenzen seiner eigenen Leistungsfähigkeit zu gehen.

Damit sind aber bei weitem noch nicht alle Aktivitäten genannt, die ein entsprechendes Gefahrenpotential aufweisen und die Risikosucher anziehen. Springen, Tauchen, Fliegen, Klettern, inklusive aller möglichen Varianten und Kombinationen, gehören ebenfalls dazu und ergänzen das breite Spektrum an heute gängigen Risikoaktivitäten.

Aus der bisherigen Auflistung zu entnehmen, daß Risikoverhalten zwangsläufig etwas mit körperlicher Geschicklichkeit zu tun haben muß, wäre aber falsch. Auch das Befriedigen der Abenteuerlust auf Expeditionen und Safaris oder das Erforschen von unbekannten Höhlen, um nur zwei Beispiele zu nennen, erfüllt die wichtigsten Kriterien für Risikoverhalten, wenn das Engagement in solchen Aktivitäten unter Inkaufnahme einer existentiellen Gefährdung und unter dem Aspekt der Konfrontation mit den eigenen Grenzen betrieben wird.

Die potentielle Gefährdung ist, dies ergibt sich aus unseren bisherigen Überlegungen, ein wesentliches Merkmal von Risikosituationen. Von welchen Gefahren beziehungsweise Situationen sich Risikosucher angezogen fühlen, bedarf aber noch einer Ergänzung. Ausschlaggebend dafür, ob ein Verhalten als Risikoverhalten im gesellschaftlichen Sinn gelten kann, ist nämlich nicht immer die objektive Gefahr, beziehungsweise das aus ihr resultierende Risiko, körperlichen Schaden zu nehmen.

Hält man sich beispielsweise die vielen tausend Opfer vor Augen, die der Straßenverkehr jährlich fordert, so müßte man Autofahren aufgrund des relativ hohen Risikos eigentlich als Risikoverhalten einstufen. Daß dies nicht der Fall ist und daß sich, im Gegenteil, tagtäglich Millionen von Menschen in ihr Auto setzen und damit ihre Verletzung oder Tötung in Kauf nehmen, liegt an der Bedeutung, die diese Form von Mobilität für den Fortbestand einer hochentwickelten Industriegesellschaft hat. Wenn sich von heute auf morgen alle Menschen weigerten, ihr Auto zu benutzen, wäre der Zusammenbruch sämtlicher wirtschaftlicher und administrativer Strukturen die unmittelbare Folge. Aus diesem Grund toleriert die Gesellschaft selbst eine ausgeprägte, im eigentlichen Sinn adäquate, weil statistisch gerechtfertigte, Angst vor dem Autofahren nicht. Tritt sie dennoch auf, übernimmt das öffentliche Gesundheitswesen als Vertreter staatlicher Interessen normalerweise sogar die Kosten für eine psychotherapeutische Behandlung.

Risikoverhalten ist, wie wir an diesem Beispiel gesehen haben, nicht immer ganz einfach zu definieren. Seine Abgrenzung gegenüber anderen Verhaltensbereichen kann aber auch noch aus weiteren Gründen Probleme bereiten. Denn häufig sind die Unterschiede nur graduell. Sich dem Rausch der Geschwindigkeit auf einer Autobahnfahrt mit 160 Stundenkilometern hinzugeben, würde kaum als Risikoverhalten eingestuft – es sei denn, man wollte einen beachtlichen Teil der Bevölkerung zu Risikosuchern abstempeln. Wie aber verhält es sich bei nur 40 Stundenkilometern mehr? Sind Motorradfahrer generell Risikosucher, auch wenn sie nur gemütlich durch die Landschaft kurven?

Wie sind andere Verhaltensweisen zu beurteilen, die ein hohes Risiko der Eigengefährdung in sich bergen? Beispielsweise zu trinken, zu rauchen usw.? Richtig! Alkohol und Nikotin haben ja nichts mit Angst zu tun, zumindest nicht in unserem Sinn. Absurderweise! Denn das Risiko einer ernsthaften gesundheitlichen Beeinträchtigung ist für einen starken Raucher oder einen Alkoholiker wesentlich größer als für einen exzessiven Risikosucher. Der Unterschied besteht darin, daß eine Störung bei der Öffnung eines Fallschirms, ein falscher Griff an der Wand oder eine unterschätzte Windbö für den Risikosucher unmittelbare Folgen haben kann, während die unerwünschten Konsequenzen von Rauchen und Trinken normalerweise nicht sofort sicht- beziehungsweise nachweisbar sind. Sie zeigen sich erst, dann aber häufig um so gravierender, nach einer längeren Zeit des fortgesetzten Mißbrauchs.

Die Abgrenzung von Risikoverhalten gegenüber einer anderen Leidenschaft ist zwar nicht schwierig, dennoch besteht möglicherweise eine gewisse Verwandtschaft. Gemeint ist das weitverbreitete Phänomen, sich Thrills zu verschaffen, indem man sich mit Stellvertretern identifiziert, die für den Beobachter – oder vielmehr: den Konsumenten – die Kartoffeln aus dem Feuer holen.

Tagtäglich sitzen Millionen vor den Bildschirmen und den Kinoleinwänden, an den Autorennstrecken, Abfahrtspisten und an den Boxringen und genießen den Rausch der Erregung, wenn sich in Horror- oder Gewaltfilmen ungeheure Greueltaten vollziehen, wenn sich Rennwagen überschlagen und in ihre Bestandteile auflösen, Skirennläufer ihr Element verlassen und in die Luft hinauskatapultiert werden oder Boxer sich gegenseitig die Schädel einschlagen.

Das ist ja etwas ganz anderes? Mitnichten! Zumindest nicht, was die körperlichen Reaktionen betrifft. Um eine Kollegin zu zitieren: Der Nebennierenrinde ist es nämlich völlig egal, weshalb sie Adrenalin ausschüttet, ob der Streß real im Leben stattfindet oder eben nur in der Vorstellung.

Aber grundsätzlich haben Sie natürlich recht. Es gibt tatsächlich einen Unterschied. Während sich nämlich der Risikosucher der Gefahr real stellen und seine Adrenalinproduktion hart erarbeiten muß, sitzt der Konsument im bequemen Sessel, ein Glas Bier in der Hand, die Kartoffel-Chips in Reichweite, und weidet sich am Schicksal der anderen – und an seiner eigenen Erregung. Und insofern, falls Erregung ein wichtiger Beweggrund oder ein Motiv für Risikoverhalten sein sollte – mit dieser Frage werden wir uns noch intensiv beschäftigen – sind wir im Grunde genommen ja eigentlich alle... zumindest Sensation-Seeker.

Denn von dem Vorwurf, zumindest ab und zu ganz gerne Nutznießer der Aufregung und Spannung zu sein, für die andere ihre Haut hinhalten müssen, kann sich wohl niemand freisprechen.

Wir haben es, wenn wir unsere bisherigen Überlegungen zusammenfassen, bei Risikosuchern mit Menschen zu tun, die sich ohne scheinbar vernünftigen Grund einer physischen Gefährdung aussetzen, und das trotz des Wissens um die hohen Risiken, die sie damit in Kauf nehmen. Wer aber sind diese Menschen in ihrem »anderen Leben«? Welche Persönlichkeitsmerkmale, welche Verhaltensweisen und Vorlieben kennzeichnen sie?

In der wissenschaftlichen Literatur wird der typische Risikosucher durchgängig als relativ jung, männlichen Geschlechts und der mittleren Einkommensschicht zugehörig beschrieben. Er hat Interesse an Menschen, übt häufig einen Beruf mit viel Sozialkontakt aus, legt aber Wert auf seine Unabhängigkeit und hat daher eher ein geringes Anschlußbedürfnis. Trotz seiner durchschnittlichen bis überdurchschnittlichen Intelligenz und seiner ausgeprägten Kreativität und Phantasie ist er beruflich nicht unbedingt besonders erfolgreich. Ihm scheinen inhaltliche Aspekte seiner Tätigkeit und ideelle Befriedigung mehr zu zählen als materieller Erfolg und Statusgewinn.

Gemessen an allgemein gesellschaftlichen Vorstellungen, ist er als mutig zu bezeichnen. Dieser Wesenszug äußert sich nicht nur in waghalsigen Aktivitäten, denen er trotz entsprechender Angst nachgeht – darin zeigt sich ja gerade der Mut –, sondern auch in sonstigen Lebensvollzügen, etwa in Form von Zivilcourage. Er gilt als unangepaßt, unkonventionell und nonkonformistisch und hat einen gewissen Hang zur Anarchie. Hinsichtlich der Akzeptanz von gesellschaftlich anerkannten Normen und Werten können bei ihm auch grenzüberschreitende Tendenzen durchschlagen, so etwa in der Einnahme von illegalen Drogen. Sein ausgeprägtes Bedürfnis nach Anregung läßt ihn für jegliche Form von neuen und ungewöhnlichen Erfahrungen aufgeschlossen sein. Er raucht, trinkt und verbringt, bietet ihm das Leben selbst nicht genügend Abwechslung, auch viel Zeit vor dem Fernsehapparat oder vor der Kinoleinwand.

Ein starkes Bedürfnis nach Anregung scheint ein zentrales Merkmal von Risikosuchern zu sein. Insofern unterscheidet sich der heutige Wasserfall-Kletterer, Air-Surfer oder Wildwasser-Kanut möglicherweise auch nicht vom Risikosucher vergangener Zeiten. Diesen Schluß lassen zumindest die folgenden Zeilen zu, die der deutsche Lyriker Georg Heym noch vor dem ersten Weltkrieg verfaßte: »Ach es ist so furchtbar. Es ist immer das gleiche, so langweilig, langweilig. Wenn doch einmal etwas geschehen würde, was nicht diesen faden Geschmack von Alltäglichkeit hinterläßt... Geschähe doch einmal etwas! Würden wieder einmal Barrikaden gebaut! Ich wäre der erste, der sich darauf stellt, ich wollte noch mit einer Kugel im Herzen den Rausch der Begeisterung spüren. Sei es nur, daß man einen Krieg begänne...«

Risikoverhalten wird gerne als typische Erscheinung des ausgehenden 20. Jahrhunderts betrachtet und damit als Produkt der Lebensumstände dieser Zeit. Daß dies nicht unbedingt zutreffen muß, legt das vorausgegangene Zitat nahe. Was es aber mit diesem Verhaltenstypus tatsächlich auf sich hat und ob es möglicherweise schon immer Menschen gab, die sich entgegen jeglicher Vernunft mutwillig in gefährliche Aktionen gestürzt haben, können wir noch nicht sagen. Wir haben nur einen ersten Versuch unternommen, uns das Phänomen *Risikoverhalten* und die Menschen, die es ausüben, etwas begreiflicher zu machen. Wie es entstehen, welche Bedingungen dafür verantwortlich sein könnten, werden wir in den nächsten Abschnitten zu klären versuchen. Zunächst aber wollen wir nochmals einen Blick zurückwerfen. Wie ging das große Abenteuer des ersten Sprungs eigentlich aus?

Mößling, am 7. September 1980

Zu spät! Das hast du alles schon tausendmal durchgespielt. Und du wolltest es so. Nein! die Entscheidung ist gefallen! Jetzt geht's nur noch darum, es richtig zu machen – ALSO MACH ES RICHTIG!

Das tut gut; ich werde etwas ruhiger. Vorsichtig mit dem linken Fuß tastend, suche ich das Trittbrett über dem Rad. Nachdem ich Halt gefunden habe, fasse ich nach den Griffen unter der Tragfläche – erst mit der rechten, dann mit der linken Hand – und ziehe mich ganz hinaus.

Der Fahrtwind ist gewaltig. Ich kann mich kaum festhalten. Mühsam um Atem ringend, mache ich mich daran, die Absprunghaltung einzunehmen. Das Gurtzeug schnürt mich völlig ein; meine Schultern beginnen zu schmerzen, meine Oberschenkel. Ich versuche es trotzdem, strecke alle vier von mir. X-Lage geht einigermaßen, von Hohlkreuz keine Spur.

Warten auf das vereinbarte Zeichen. Sekunden werden zu Minuten...

Endlich nickt mir Klaus zu. X-Lage – Kopf in den Nakken – Hohlkreuz. Jetzt ist alles egal. Es gibt kein Zurück! Meine Hände öffnen sich. Der Kloß in meinem Hals nimmt überdimensionale Ausmaße an. Er schnürt mir die Kehle ab. Ich bekomme keine Luft mehr. Panik. Todesangst.

Die Wilga entfernt sich wie in Zeitlupe. Ich bin ganz allein. Jetzt ist alles aus...

Und dann schwebe ich. In 500 Meter Höhe. An einem wunderschönen, klaren Septembertag. Kein Ton ist zu hören. In der Ferne sehe ich die Alpen. Direkt unter mir breitet sich eine Spielzeugwelt aus: mit saftigen grünen Wiesen, Wäldern, Puppenhäuschen...und sogar ein paar Modellflugzeugen.

Ein unbeschreibliches Glücksgefühl durchströmt meinen Körper, ein Gefühl, wie ich es in dieser Intensität noch nie erlebt habe. Es ist unglaublich. Ich hab's geschafft! Ich bin gesprungen – und ich lebe noch. Die Welt liegt mir zu Füßen. Ich betrachte sie mit Wohlgefallen und Besitzerstolz. Ein kurzer Blick in meinen Schirm zeigt mir: Alles ok. Ich kann diesen Augenblick noch ein wenig genießen. Und ich tue es ausgiebig...

Dann beginne ich mich zu orientieren. Wo ist der Flugplatz, wo die Landewiese? Ich greife mit beiden Händen nach den Steuerleinen. Übermütig ziehe ich erst die rechte, mache eine Bogen nach rechts, und dann die linke, bis ich wieder frontal im Wind stehe. Der Schirm ist weniger träge, als ich vermutet habe, er läßt sich tatsächlich gut steuern.

Ich muß mich jetzt langsam um den Landeanflug kümmern. Ich stelle fest, daß ich mich auf eine Baumgruppe zubewege und überlege, wie ich am besten ausweichen könnte. Ich beschließe, den Schirm zu drehen und das Hindernis mit dem Wind im Rücken zu überfliegen.

In etwa 150 Meter Höhe dann noch einmal bange Augenblicke! Mein vorgesehener Landeplatz wird durch Bäume, Büsche, einen Bach und eine kleine Brücke begrenzt. Ich versuche durch leichtes Ziehen am rechten Steuerseil den Schirm aus der Gefahrenzone zu bewegen und stelle wenige Augenblicke später fest, daß mein Steuermanöver erfolgreich war.

Erleichtert drehe ich den Schirm wieder in den Wind und bereite mich auf die Landung vor. Die Worte von Klaus klingen noch in meinen Ohren: »Beine zusammen, Kinn auf die Brust, dann kann nichts passieren.«

Ich werfe noch einen prüfenden Blick auf meinen Landeplatz – eine Wiese mit kniehohem Gras – und konzentriere mich auf die Landung. Beine schließen, Unterarme vor den Oberkörper, Schultern nach innen, Kinn auf die Brust, Fäuste vors Gesicht! Ich bin ruhig und entspannt, fühle keinerlei Anzeichen von Angst. Ich weiß, daß ich gut runterkommen werde!

Und schon ist's soweit. Ich berühre mit den Füßen den Boden und drehe mich, während ich durch den enormen Druck in die Knie gepreßt werde, nach rechts. Noch im Fallen ein neuerliches Aufflammen dieses unglaublichen Gefühls von Glück und Stolz.

Dann bin ich auf den Beinen. Die Erde hat mich wieder.

2. KAPITEL

Warum sie das Risiko suchen

Wie alles anfängt

Ob sie sich aus Flugzeugen stürzen, mit dem Skeleton eine Eisrinne hinunterjagen, den River-Boogie tanzen oder was immer sie sonst auch tun mögen, sie alle haben eines gemeinsam: Sie waren einmal Kinder. Und dort, wo ihre Leidenschaft ihren Ausgang genommen hat, wollen wir unsere Suche nach den Ursachen und Gründen ihres Verhaltens beginnen. Denn Kinder sind lohnende Untersuchungsobjekte. Nicht nur, weil uns der Vergleich mit ihnen zeigt, was für eine beeindruckende Entwicklung der Mensch vom Säugling zum Erwachsenen vollzieht. Wir können auch viel von ihnen lernen!

Versuchen wir uns zunächst die Situation zu vergegenwärtigen, die ein Neugeborenes unmittelbar nach seiner Geburt vorfindet. Anders als lange Zeit angenommen, sind seine Sinnesorgane bereits voll ausgebildet. So hört es Geräusche, sieht seine Umgebung, unternimmt erste Tastversuche und erfüllt damit alle Voraussetzungen, um sich in der Welt zurechtzufinden. Grundvoraussetzungen wohlgemerkt, aber nicht hinreichende Bedingungen.

Denn ein Problem hat der Säugling. Er ist von einer Welt umgeben, die er zwar wahrnehmen, nicht jedoch begreifen, geschweige denn wirklich verstehen kann. Da tauchen die unterschiedlichsten Farben und Formen in seinem Gesichtsfeld auf, er nimmt die merkwürdigsten Gerüche und Geräusche wahr – und kann mit all dem, was ihm da an Reizvielfalt geboten wird, noch nicht viel anfangen.

Was ihm zur Orientierung in dieser fremden Welt fehlt, sind entsprechende *Wahrnehmungsstrukturen*. Er muß lernen, die Dinge, die Gerüche, die Geräusche, die Geschmacksqualitäten zu unterscheiden – Eßbares von Ungenießbarem, Warmes von Kaltem, Angenehmes von Unangenehmem. Wie seine Umgebung im Laufe dieses Lernprozesses langsam Gestalt annimmt, für ihn erkennbar und identifizierbar wird, das wissen wir zwar, unsere Phantasie reicht aber kaum aus, um uns vorzustellen, wie aufregend und spannend jeder Tag im Leben eines Säuglings sein muß – ja, mindestens so aufregend wie...

Bis der Säugling von ersten Differenzierungsversuchen zu immer stabileren und verläßlicheren Strukturen gelangt, bedarf es Wochen und Monate. Wahrnehmen zu lernen ist somit eine Frage von Zeit, wie Entwicklung insgesamt auch eine Frage von Ökonomie ist. Dies weiß unser kleiner Säugling zwar noch nicht, aber er handelt danach. Seine Bestrebungen, zu erkennen, zu verstehen, sich die Welt Stück für Stück zu erobern, sind nicht Hobby oder heimliche Leidenschaft, sie stellen ein absolutes »Muß« dar. *Orientierung* ist die Voraussetzung für sein Überleben.

Einen Großteil seiner Energie verwendet er deshalb darauf, sich Wissen anzueignen, es durch bereits vorhandenes zu ergänzen, um auf diese Weise ein immer umfassenderes Bild der Welt zu bekommen. Unterstützt wird er dabei durch seine natürliche Umgebung. Tagtäglich hat er es mit immer neuen, aufregenden und seinen Tatendrang ungeheuer animierenden Dingen zu tun. War es vor fünf Minuten noch sein Schnuller, ist es vielleicht im Augenblick der Löffel und in weiteren fünf Minuten die Tischdecke, die sein Interesse weckt.

Aber er beschränkt sich nicht nur darauf, Gegenstände, Gerüche, Geräusche zu identifizieren und entsprechend seinem bereits vorhandenen Wissen zuzuordnen, sondern er beginnt auch, sie aktiv mitzugestalten. Durch Versuch und Irrtum lernt er, das Wesen der Dinge zu begreifen, ihre Funktionen zu verstehen und Wirkungszusammenhänge zu erkennen. Von seiner raschen Auffassungsgabe und seinen sonstigen kognitiven und instrumentellen Fähigkeiten macht er dabei ausgiebig Gebrauch. Nichts, aber auch gar nichts ist vor ihm sicher! Wo immer es etwas Neues zu entdecken, zu erforschen gilt, befriedigt er seinen anscheinend unstillbaren Wissensdurst. Und damit beginnt das große Abenteuer »Leben« erst richtig.

Nein! Kinder sind keine Risikosucher, auch wenn ihr ausgeprägtes Erkenntnisinteresse und ihr starkes Bedürfnis nach Reizvariation diesen Schluß zunächst nahelegen mögen. Denn was ihnen zu einem echten Risikosucher fehlt – zumindest solange sie noch keine spezifischen Erfahrungen mit den Dingen gemacht haben – ist das Wissen um und die Einsicht in die Risiken, die sich hinter ihnen verbergen können. Kinder suchen nicht die Gefahr, sie befriedigen lediglich ihre *Neugier*.

Neugier, verstanden als das Bedürfnis, das Wesen der Dinge zu erkennen und zu begreifen, ist für die Entwicklung der Person insgesamt und besonders für die Intelligenzentwicklung von zentraler Bedeutung. In seiner ursprünglichsten Form, dann also, wenn das Kind beginnt, seine Umwelt wahrzunehmen, auf Fremdartiges, auf neue Reize zu reagieren, ist sie noch vollkommen angstfrei.

Dabei bleibt es aber nicht lange. Sobald das Kind erste Begegnungen mit den Widrigkeiten der Welt macht, Schmerz, Unlust, Enttäuschung verspürt, ist oft genug auch Angst mit im Spiel. Das, was hinter den Dingen steckt, was sich nicht auf den ersten Blick offenbart, was es zu erforschen gilt, könnte auch eine Bedrohung darstellen. Diese Möglichkeit in Kauf zu nehmen, sich also der Angst und der potentiellen Gefährdung in unbekannten Situationen zu stellen, bedeutet den Versuch, Angst zu überwinden. Neugier, so könnte man sagen, ist zugleich Ausdruck und Konsequenz der Angst vor dem Unbekannten und als Motiv für die Beschäftigung damit so wirksam, weil durch ihre Befriedigung das Unbekannte bekannt und die Angst davor abgebaut wird.

Je neugieriger und intensiver das Kind seine Umgebung erforscht, desto mehr Wissen erwirbt es. Sein Bild von der Welt wird immer komplexer und umfangreicher, die weißen Flecken auf der Landkarte seiner Vorstellungen werden immer kleiner. Neugierverhalten ist aber nicht nur passiv und auf die Wahrnehmung beschränkt. Über den Aufbau und die ständige Weiterentwicklung von entsprechenden Denk- und Wahrnehmungsstrukturen führt sie gleichzeitig zum Erwerb von neuen Fähigkeiten.

Damit ist Neugier für die Entwicklung des Menschen in dreifacher Hinsicht bedeutsam. Sie dient dem Erwerb von Wissen und Fähigkeiten, reduziert die Angst vor dem Unbekannten und sie stärkt das Selbstvertrauen und die Zuversicht, auch künftige Anforderungen erfolgreich bestehen zu können.

Kinder suchen in unbekannten Situationen also nicht das Risiko, sie befriedigen ihre Neugier. Zumindest die meisten unter ihnen. Denn schon bei Kleinkindern kann man deutliche Unterschiede in der Art und Weise feststellen, wie sie sich den gestellten Anforderungen gegenüber verhalten. Da gibt es die Vorsichtigen, Bedächtigen, die sich erst einmal genau zu überlegen scheinen, was passieren könnte, wenn... Da gibt es die Ängstlichen, die sich lieber erst alles vormachen lassen, bevor sie es selbst ausprobieren – klassische Verfechter der Methode des Lernens am Modell. Und dann gibt es da natürlich auch noch die Forschen, Mutigen, die alles selbst machen, selbst ausprobieren möchten und sich dabei zwangsläufig auch einmal die Finger verbrennen.

Wie diese frühen Unterschiede im Umgang mit Anforderungen der Umwelt zustande kommen, darüber können wir nur spekulieren. Zu einem gewissen Teil sind sie vermutlich genetisch bedingt, haben also etwas mit den Erbanlagen zu tun. Überwiegen dürften aber vorausgegangene Lernerfahrungen, sei es durch Imitation, durch spontane Aktivitäten oder durch erzieherische Eingriffe der Eltern in Form von Ver- und Geboten.

Unabhängig von diesen individuellen Unterschieden und ihren Ursachen, besitzen jedoch zunächst einmal die meisten Kinder – zumindest solange ihnen die Lust am Ausloten ihrer Grenzen und an der eigenen Leistung noch nicht systematisch verleidet wurde – eine starke *intrinsische Motivation*, also eine innere, aus ihnen selbst herauskommende und durch Neugier gespeiste Freude daran, Probleme zu lösen, Situationen zu bewältigen, mit anderen Worten, den eigenen Stand zu überprüfen und an den Aufgaben zu wachsen, mit denen sie es zu tun haben.

Und hier deutet sich tatsächlich eine mögliche Parallele zwischen der kindlichen Entwicklung und der Entwicklung des Risikosuchers an. Sich Anforderungen zu stellen, sich zu messen, über jede gelungene Aktion ein Stück mehr an Sicherheit und Kompetenz zu gewinnen, all dies sind auch wesentliche Bestandteile von Risikoverhalten. Insofern scheinen sich Risikosucher – vielleicht in größerem Ausmaß, möglicherweise aber auch nur mit anderen Schwerpunktsetzungen als andere Erwachsene – einen Teil der kindlichen Neugier und der Freude an der Herausforderung bewahrt zu haben. Warum dies so ist, welche Ursachen dafür in Frage kommen mögen, damit werden wir uns noch befassen. Fürs erste wollen wir es dabei bewenden lassen, daß das Ausloten der aktuellen Grenzen und der Versuch, seinen Handlungs-, Erlebens- und Überlebensspielraum durch Grenzerweiterung zu vergrößern, Grundbedürfnisse menschlicher Existenz darstellen und daß Risikoverhalten nur eine Variante innerhalb des Spektrums an möglichen Verhaltensweisen zur Befriedigung dieser Bedürfnisse ist.

Mößling, am 11. Oktober 1980

Meine erste Saison als Fallschirmspringer – ja, als solchen bezeichne ich mich jetzt – nähert sich dem Ende. Ich habe zwar seit Oktober erst sieben Sprünge absolviert, sehe aber mit Aufregung und Spannung der ersten großen Hürde in der Karriere eines »Sky-Divers« entgegen: dem Umstieg von der automatischen Öffnung des Schirms mit Hilfe der Aufziehleine zur manuellen Öffnung.

Heute ist die erste Übung mit dem Scheingriff fällig! Nach ein paar Trockenübungen am Boden zur Automatisierung des Bewegungsablaufs beim Ziehen sitze ich in der inzwischen so vertraut gewordenen Do 27 und bin – immer wieder nach meinem Scheingriff unterhalb der rechten Schulter tastend – doch ziemlich froh, daß dies noch nicht der Ernstfall ist. Anders als bei den vorangegangenen Sprüngen, bei denen ich schon so etwas wie Sicherheit und Zutrauen in meine Fähigkeiten entwickelt hatte, spüre ich beim Öffnen der Tür in 800 Meter Höhe schlagartig wieder panische Angst. Ist die Aufziehleine richtig eingeklinkt, verläuft sie ohne Schlingen, steckt der Griff nicht zu fest in der Halterung, stimmt der Absetzpunkt, ist der Luftraum unter uns frei, sitzt der Brustgurt nicht zu locker, sind die Karabiner gesichert...? Fragen über Fragen!

Mit einem gellenden Schrei stürze ich mich hinaus. Kaum draußen, beginne ich hektisch nach dem Griff zu suchen. Als ich dann endlich das Ding in Händen halte, mit dem ich im Ernstfall hätte auslösen sollen, hänge ich bereits am Schirm. Experiment mißlungen – aber ich habe ja noch Zeit zum Üben!

Verständnis allerorten. Beim ersten Sprung mit dem Scheingriff haben die meisten Probleme. Das gibt sich aber bald. Im Ernstfall hat ihn noch jeder gefunden.

Und tatsächlich gelingt mir der zweite Sprung an diesem Tag schon wesentlich besser. Diesmal erwische ich den Scheingriff schon während der Öffnung und bin hinterher froh, mich trotz meines Unbehagens noch einmal überwunden zu haben.

Die Heimfahrt abends trete ich dennoch mit gemischten Gefühlen an. Erfüllt von den Erlebnissen dieses Tages, von meinen Sprüngen, dem unbeschreiblichen Gefühl, wenn sich der Schirm über einem öffnet und man wie schwerelos dahingleitet. Aber: Wo verdammt noch mal war der Griff beim ersten Sprung? Diese Frage wird mich in den nächsten Monaten noch intensiv beschäftigen.

Wohlgefühl durch Erregung

Der menschliche Organismus ist schon ein merkwürdiges System. Auf der einen Seite ungeheuer kompliziert und andererseits so einfach, wie ein Automotor der schlichtesten Bauart. Er fühlt sich nämlich nur in einem bestimmten Belastungszustand wirklich wohl. Verglichen mit dem Antrieb eines Autos, könnte man sagen, er braucht eine bestimmte Drehzahl, um optimal zu laufen. Diese darf weder zu hoch noch zu niedrig sein, denn sonst reagiert er sauer.

Dieser Zustand der optimalen Belastung oder Aktivierung, den wir als *persönliches Aktivationsniveau* bezeichnen wollen, ist abhängig sowohl von der Lerngeschichte des einzelnen als auch von spezifischen Anlagen, also von der genetischen Grundausstattung. Entsprechend gibt es Menschen, die sich am wohlsten fühlen, wenn um sie herum möglichst viel Ruhe und Ausgeglichenheit vorherrschen, es also wenig Stimulation oder Anregung gibt, und anderen wiederum kann es gar nicht aufregend und hektisch genug sein.

Weicht das aktuelle Aktivationsniveau als Folge der inneren und äußeren Reize vom persönlichen, oder, wie es in der Fachsprache heißt, *habituellen Aktivationsniveau* ab, reagieren wir je nach Ausmaß der Abweichung mit mehr oder weniger negativen Gefühlen.

Dabei führt ein zu niedriges Aktivationsniveau, das auf der körperlichen Ebene Ausdruck einer Unterforderung ist, eher zu Langeweile, während ein zu hohes die für die Überforderung typischen Zustände von Übererregung und Angst hervorruft.

Beides wollen wir natürlich nicht und dementsprechend verhalten wir uns. Da der Organismus immer danach trachtet, sein optimales Aktivationsniveau zu erreichen oder aufrechtzuerhalten, werden wir Situationen vermeiden, die uns überfordern, und ebenso solche, die uns unterfordern.

Versuchen wir uns das einmal an einem Beispiel klarzumachen. Stellen wir uns drei Erstklaßler auf dem Oktoberfest vor: Alex, den Mutigen, Karin, die Besonnene, und Gerd, den Ängstlichen (eine etwaige Ähnlichkeit oder Übereinstimmung mit lebenden Personen ist nicht beabsichtigt). Sie stehen vor der Achterbahn und überlegen, jeder für sich, was sie von diesem Ding halten sollen.

Alex mag sich denken: »Toll, das muß ich unbedingt ausprobieren«, und ist schon auf dem Weg zur Kasse, bevor den beiden anderen überhaupt klar ist, wie so ein Ungetüm funktioniert. Karin, wiederum, ist noch etwas unsicher. Auf der einen Seite macht sie die Achterbahn schon neugierig, andererseits aber... »Ich laß mir lieber erst von Alex erzählen, wie's war.« Und Gerd schließlich? Gerd wird sich auf keinen Fall diesem furchterregenden Monstrum anvertrauen, denn: »Da wird einem ja schlecht, wenn die so rasen und überhaupt... die vielen Kurven und der Looping, was da alles passieren kann!«

Als aufmerksamem Leser ist Ihnen nicht entgangen, daß die Attribute unserer drei Kinder nicht zufällig gewählt sind. Sie stehen für unterschiedlich hohe persönliche Aktivationsniveaus. Wenn wir davon ausgehen, daß Gerd der Ängstliche ein niedriges persönliches Aktivationsniveau hat, dann genügt schon eine relativ geringe Stimulation, um dieses Aktivationsniveau zu erreichen.

Jede weitere Steigerung hingegen würde ihn bereits in den Bereich einer Übererregung bringen, mit negativen Empfindungen in Form von Angst. Entsprechend mehr Stimulation oder stärkere Reize benötigt Karin, die Besonnene, denn der Erregungszustand, in dem sie sich am wohlsten fühlt, befindet sich in einem mittleren Bereich. Und Alex schließlich, der Mutige, der mit dem hohen persönlichen Aktivationsniveau, braucht ein hohes Maß an Stimulation, um in den Genuß von positiver Erregung und Wohlgefühl zu gelangen.

Wie kommen die drei zu ihren Bewertungen der Situation?

Und weiter: Was macht die Attraktivität von Situationen, oder allgemein von Reizen aus?

Die Bewertung von Reizen wird überwiegend auf der Grundlage eigener Erfahrungen getroffen. Generalisierungen oder Verallgemeinerungen sorgen dann dafür, daß die einmal vorgenommene Bewertung nicht auf eine bestimmte Situation beschränkt bleibt, sondern auch auf ähnliche Reize beziehungsweise ähnliche Reizkonstellationen übertragen wird. Dies erklärt, weshalb Gerd, wenn er bereits negative Erfahrungen mit einem Kettenkarussell gemacht hatte, seine Konsequenzen daraus zieht und nicht nur Kettenkarussells, sondern auch alle anderen Fahrgeschäfte meidet, die eine hohe Geschwindigkeit oder eine starke Zentrifugalkraft erreichen. Solange, bis er gegenteilige Erfahrungen macht! Denn es könnte ja einmal der Fall eintreten, daß Gerd sich extrem langweilt und ihm in dieser Situation zwar nicht jedes Mittel recht ist, um sich zu aktivieren – wir wissen, er hat ein niedriges persönliches Aktivationsniveau –, aber er doch bereit ist, noch einmal einen Versuch zu wagen.

Und damit sind wir schon beim zweiten Teil der Frage. Die Attraktivität einer Situation wird nämlich in Abhängigkeit von ihrem Aktivierungspotential bewertet. Mit anderen Worten: Ein Reiz wird um so attraktiver eingeschätzt, je eher er in der Lage ist, das erwünschte Aktivationsniveau zu bewirken.

Gehen wir noch einmal zu unserem Beispiel zurück und überlegen uns, was dies bedeutet. Wenn Gerds Aktivationsniveau zu einem bestimmten Zeitpunkt sehr viel niedriger ist als sein persönliches, wenn er sich also langweilt und sich unterfordert fühlt, wird er diesen Zustand zu beenden suchen, indem er sich Anregung verschafft. Einen Comic lesen oder Fernsehen mögen ihn normalerweise ausreichend aktivieren, bei extremer Langeweile könnten sie aber versagen. Er wird deshalb ihre Attraktivität in dieser Situation eher niedrig einschätzen. Wenn er dann aber vielleicht gerade mit Freunden über das Oktoberfest bummelt und die Achterbahn sieht, mag er sich denken: »Das wäre jetzt gerade das Richtige. So ein bißchen Aufregung könnte mir nicht schaden.«

Wie dieses Beispiel zeigt, ist die Bewertung eines Reizes sowohl von der Lerngeschichte des Individuums abhängig als auch vom *Aktivierungspotential* des Reizes. Gerds Bewertung der Achterbahn sieht, nachdem er sich tatsächlich zu einer Fahrt entschlossen hat und sich danach optimal aktiviert fühlt, ganz anders aus als vorher. Er ist zwar vielleicht noch immer kein Achterbahn-Fan, aber er hat nun die Erfahrung gemacht, daß sie ihm unter bestimmten Umständen positive Gefühlszustände vermitteln kann.

Was bedeuten diese Überlegungen nun für unsere Ausgangsfrage? Sie erinnern sich – was treibt Risikosucher dazu, das zu tun, was sie tun? Ist es etwa der schlichte Hunger nach starker Erregung?

Vielleicht! Wenn wir davon ausgehen, daß das persönliche Aktivationsniveau auch Extremwerte annehmen kann, und wenn wir weiterhin annehmen, daß sich Risikosucher durch ein sehr hohes persönliches Aktivationsniveau auszeichnen, dann brauchen sie, verglichen mit anderen Personen, eine höhere Stimulation, das heißt eine größere Anzahl von Reizen oder Reize mit höherer Intensität, um in den Bereich ihrer optimalen Aktivation zu gelangen und sich wohlzufühlen.

Aber ist damit Risikoverhalten wirklich schon hinreichend erklärt? Kaum! Bei den Aktivitäten, von denen wir sprechen, ist die Aktivierung des Organismus so stark, daß die Akteure ein außerordentlich hohes persönliches Aktivationsniveau haben müßten, wollten sie dadurch angenehmes Gefühlserleben herstellen.

Generell können wir zwar nicht ausschließen, daß es Menschen gibt, die sich erst bei einem Puls jenseits von 150 Schlägen pro Minute wohl fühlen, auf den durchschnittlichen Risikosucher dürfte dies aber kaum zutreffen.

Wie läßt sich dann aber die Attraktivität von Aktivitäten mit einem hohen Aktivierungspotential erklären, wenn es offenbar nicht die absolute Höhe der Aktivierung ist, die Wohlgefühl erzeugt?

Wir sind bisher ganz selbstverständlich davon ausgegangen, daß nur ein *Aktivierungsanstieg* positiv erlebt wird, und zwar bis zu dem Punkt, an dem das persönliche, also das optimale Aktivationsniveau erreicht wird. Wohlgefühl und lustvolle Erregung könnten ebensogut aber auch nach einer Übererregung eintreten – also nach der Jagd durch den Eiskanal oder nach dem Flug mit dem Drachen. Verstärkend wäre dieser Annahme zufolge der *Erregungsabfall* auf das optimale Aktivationsniveau nach der Annäherung an Reize mit einem hohen Aktivierungspotential. Der Volksmund hat diesen Zusammenhang übrigens schon lange erkannt und einen besonders passenden Ausdruck dafür geprägt: Es tut so gut, wenn der Schmerz (= die Übererregung) nachläßt.

Dieses Phänomen kann man auch im Alltag oft beobachten. Die Spannung beim Krimi, die Aufregung bei Sportveranstaltungen oder der Thrill bei der rasenden Fahrt über die Autobahn, all das, was die Erregung über das persönliche Aktivationsniveau hinaus ansteigen läßt, sorgt nach dem darauf folgenden Abfall auf das optimale Erregungsniveau für ein angenehmes Gefühl der Sättigung und des Wohlbefindens. Wenn wir uns an Gerds letzten Besuch auf dem Oktoberfest erinnern, dann können wir jetzt annehmen, daß er sich nach der Fahrt mit der Achterbahn deshalb so wohl fühlte, weil er nach einem kurzen Erregungsanstieg auf ein, für seine Verhältnisse, sehr hohes Niveau, den Abfall der Erregung auf sein persönliches Aktivationsniveau genießen konnte. Und entscheidend für dieses Wohlgefühl war auch, daß die Übererregung nur kurzzeitig anhielt. Denn längere Phasen münden irgendwann in Zustände der Erschöpfung, des Ausgebranntseins und der inneren Leere. Dabei spielen Stoffwechselprozesse bei der Aktivierung des Organismus ebenso eine Rolle wie psychologische Faktoren, etwa in Form von selektiver Wahrnehmung und Reizgewöhnung.

Die bisherigen Annahmen zusammengefaßt, können wir folgendes feststellen: Das persönliche Aktivationsniveau, also der Erregungszustand, in dem man sich am wohlsten fühlt, kann sowohl durch einen Erregungsanstieg als auch durch einen Erregungsabfall erreicht werden. Aktivitäten, die Spannung erzeugen, einen Schauder, einen Thrill, werden deshalb als besonders anregend erlebt, weil sich der Überaktivierung ein Erregungsabfall auf das optimale Aktivationsniveau anschließt. Ob sich positives Gefühlserleben schon nach einer Fahrt mit der Achterbahn einstellt, oder ob dazu eine Kajakfahrt im Wildwasser nötig ist, entscheidet das persönliche Aktivationsniveau. Risikosucher, so können wir annehmen, sind Menschen mit einem hohen persönlichen Aktivationsniveau, die entsprechend starke Stimulation benötigen, um anschließend einen positiv empfundenen Aktivierungsabfall auf ihr optimales Aktivationsniveau erleben zu können.

Was aber machen Risikosucher in ihrem Alltag? Sind sie dann ständig unglücklich, unausgelastet, unterfordert, weil ihnen entsprechende Möglichkeiten fehlen, sich optimal zu aktivieren? Um diese Frage zu klären, müssen wir eine weitere Annahme einführen.

Wir können davon ausgehen, daß sich Menschen grundsätzlich in ihrer Fähigkeit der Aktivationsregulierung unterscheiden. Entweder versuchen sie, das Auftreten von Diskrepanzen zwischen aktuellem und persönlichem Aktivationsniveau – quasi antizipatorisch – zu verhindern, bevor es überhaupt dazu kommen kann. Oder sie regulieren ihr Aktivationsniveau erst dann, wenn bereits Diskrepanzen aufgetreten sind. Risikosucher scheinen gelernt zu haben, ihr Bedürfnis nach Aktivation den jeweiligen Bedingungen anzupassen. Wenn die Reizgegebenheiten zu einem bestimmten Zeitpunkt für eine optimale Aktivierung nicht ausreichen, können sie ihr Bedürfnis nach hoher Aktivierung so lange zurückstellen, bis sie eine geeignete Situation vorfinden. Die relative Reizarmut und Unattraktivität ihres Alltags bestehen sie also deshalb unbeschadet, weil sie in der Lage sind, die Befriedigung ihrer Bedürfnisse auf das nächste Sprungwochenende, die geplante Erforschung einer Höhle oder die anstehende Besteigung eines Berges zu verschieben.

Das persönliche Aktivationsniveau haben wir bisher als den Aktivierungszustand definiert, in dem sich der Organismus am wohlsten fühlt. Ergebnisse aus der Streßforschung lassen jedoch vermuten, daß diese Definition ergänzungsbedürftig ist. Die Aktivierung des Organismus hat nämlich noch andere Konsequenzen. Um diese besser zu verstehen, sehen wir uns zunächst genauer an, was *Streß* eigentlich ist.

Physiologisch betrachtet ist die Streßreaktion nichts anderes als das, womit wir uns in diesem Abschnitt schon ausgiebig beschäftigt haben, nämlich eine Aktivierungsreaktion. Ausgelöst wird sie, ohne unser bewußtes Zutun, immer dann, wenn wir uns in irgendeiner Weise bedroht fühlen. Eine solche Bedrohung kann beispielsweise eine Überforderung in einer Prüfungssituation sein, aber auch der bevorstehende Sprung aus dem Flugzeug, das Überwinden einer besonders schwierigen Passage in der Wand oder der nächste Tauchgang.

Sie wissen natürlich, welche Konsequenzen die Aktivierung des Organismus für den Körper hat. All jene, die Sie in Streßsituationen typischerweise an sich selbst feststellen können: Erhöhung der Pulsfrequenz, Ansteigen des Blutdrucks, Magenbeschwerden, Schweißausbrüche, Nervosität usw. Was Sie möglicherweise aber noch nicht wissen – und dies läßt sich auch nicht ohne weiteres aus der Art der Reaktion erschließen – ist, welche Absicht der Organismus mit dieser Aktivierung verfolgt. Sie soll uns zusätzliche Energien zuführen. Durch die Ausschüttung verschiedener Hormone, in der Hauptsache Adrenalin und Noradrenalin, und durch die darauf folgenden

Stoffwechselprozesse wird der Organismus aufgerüstet, das heißt auf Höchstleistung eingestellt. Er kann dadurch in der Streßsituation kurzfristig auf mehr Energie und demzufolge auf mehr Kraft zurückgreifen als im Normalzustand.

Unter physiologischen Aspekten bewirkt die Streßreaktion also eine *Leistungssteigerung*. Und genau dies ist der Grund, weshalb Menschen unter Streß nicht nur zu sportlichen Höchstleistungen fähig sein, sondern auch andere Wunder vollbringen können. Wie etwa die Mutter, die es schaffte, einen Kleinwagen nur durch Muskelkraft so weit anzuheben, daß sich ihr verletzt unter dem Wagen liegendes Kind in Sicherheit bringen konnte.

Eine Steigerung der körperlichen Leistungsfähigkeit ist natürlich aus Sicht des Risikosuchers ein hoch willkommenes Nebenprodukt der Aktivierung. Denken wir beispielsweise an den Bergsteiger, der einen einhändigen Klimmzug machen muß, um den nächsten sicheren Griff zu erreichen, oder an den Kanuten, dem es nur unter Aufbietung all seiner Kraft gelingt, dem tödlichen Strudel bei einer Rolle unter Wasser zu entrinnen. Aber sie hat bei all ihren Vorzügen auch ihre Grenzen. Die Leistungsfähigkeit steigt mit zunehmender Aktivierung nicht ins Unermeßliche, sondern sie erreicht ihren Höhepunkt in dem individuumspezifischen Aktivierungszustand, den wir als das persönliche Aktivationsniveau bezeichnet hatten, und sinkt bei Überaktivierung sogar wieder ab. In Extremfällen, das heißt bei sehr hoher Aktivierung, in der Regel als Reaktion auf Bewertungsprozesse, etwa der Art »das schaffe ich nicht, ich bin verloren«, kann es sogar zu einem völligen Leistungsversagen kommen.

Das persönliche Aktivationsniveau ist also nicht nur der Zustand, in dem wir uns am wohlsten fühlen, sondern der Streßforschung zufolge auch derjenige, in dem wir am leistungsfähigsten sind. Diese Erkenntnis hat Folgen für unsere bisherigen Überlegungen zu den möglichen Gründen für Risikoverhalten.

So plausibel zunächst die Annahme ist, daß Risikoverhalten den Versuch darstellt, über hohe Aktivierungsdosen und den darauf folgenden Abfall auf das persönliche Aktivationsniveau einen Zustand des Wohlgefühls herzustellen, so unverständlich erscheint es nun, daß sich Risikosucher damit gleichzeitig in Bereiche vorwagen, in denen sie aufgrund der zumindest zeitweiligen Überaktivierung nicht auf ihr volles Leistungsvermögen zurückgreifen können. Und das oft genug auch noch unter lebensgefährlichen Umständen, in denen sie um so dringender auf ihre uneingeschränkte Leistungsfähigkeit angewiesen sind.

Weshalb sie es dennoch tun, weshalb sie sich also bewußt und zielgerichtet immer wieder extremen Streßsituationen aussetzen – wo sie doch vermutlich, wie jeder andere, in ihrem Alltag reichlich Gelegenheit hatten, die leistungsmindernde Wirkung von hohem Streß am eigenen Leib zu erfahren – können wir wohl unter rein aktivationstheoretischen Gesichtspunkten nicht zweifelsfrei klären. Wahrscheinlich spielen hier noch andere Faktoren eine Rolle. Welche dies sein könnten, wollen wir uns in den nächsten Abschnitten überlegen. Beginnen werden wir damit, bestimmte Aspekte der Streßreaktion, mit denen wir uns bisher noch nicht befaßt haben, etwas genauer unter die Lupe zu nehmen. Dazu werden wir einige neuere Untersuchungen heranziehen, die sich mit der Reaktion des Organismus auf immer wiederkehrende starke Belastungen beschäftigen.

Riscos de Famara, am 5. August 1992

Wir kennen uns ja jetzt schon ein paar Tage, so daß ich Ihnen den schönsten Ort auf meiner Insel nicht länger vorenthalten möchte. Die genaue Stelle werde ich Ihnen allerdings nicht verraten; dafür haben Sie bestimmt Verständnis. Abgesehen von ein paar Einheimischen verirren sich nämlich kaum jemals Menschen hierher. Und so soll es auch bleiben.

Wenn Sie aber zu denen gehören, die bisweilen ein ausgeprägtes Verlangen empfinden, sich auch einmal abseits der touristischen Trampelpfade zu bewegen und Sie sich dann von Ihrem Instinkt, Ihren Sinnen und Ihrer Unbeirrbarkeit lenken lassen, könnte es durchaus sein, daß wir uns eines Tages dort begegnen.

Dort, das ist ein kleines Plateau mit struppigen Büschen, auf zwei Seiten umsäumt von steilen Felswänden. Schwindelerregende 600 Meter tiefer laufen schaumgekrönte Wellen in breiten Bändern an kilometerlangen Sandstränden aus. Das grandiose Panorama, an dem ich mich auch nach Dutzenden von Besuchen noch nicht satt sehen kann, reicht von den Bergen im Süden bis zu den vorgelagerten Inseln im Norden. Dazwischen erstreckt sich eine savannenähnliche Ebene, auf der die Wolken im Spiel mit der Sonne sich ständig verändernde Gemälde hinterlassen. Nicht in knalligen, spektakulären Farben, sondern, wie es diesem Land und seinen Bewohnern entspricht, in zurückhaltenden, feinen Pastelltönen, von ganz hellem Ocker bis Braun. Weiße, quadratische Flecken inmitten dieser Wüste lassen Ansiedlungen erahnen; zwischen ihnen ziehen sich, wie mit dem Lineal gezogen, Sandpisten und Asphaltstraßen.

Und dann das Meer. Wechselnd zwischen tiefem Blau und Türkisgrün liegt es satt und behäbig in der Tiefe, lässig mit dem Sand und den Felsen spielend, jederzeit aber auch bereit, sich zu mächtigen Wogen aufzutürmen und seine ganze Macht und Gewalt zu demonstrieren. Meer, nichts als Meer, so weit das Auge reicht, fließend übergehend in den Dunst und den Nebel, den man hier häufig antrifft.

Die Beschreibung dieses Ortes wäre unvollständig, würde man nicht auch seine eindrucksvollsten Bewohner erwähnen: große, pechrabenschwarze Vögel mit glänzendem Gefieder und langen spitzen Schnäbeln. Laut schreiend beherrschen sie nicht nur den Luftraum, sondern machen bisweilen auch dem Eindringling auf dem Boden durch furchterregende Scheinattacken deutlich, wer hier das Sagen hat.

Ihre Flugkünste sind phänomenal. Fast möchte man meinen, sie seien nicht etwa auf der Suche nach Nahrung, sondern stürzten sich aus purer Lust in die waghalsigsten und verrücktesten Flugmanöver. Ein Spektakel ohnegleichen!

Manchmal in Fünferformationen, manchmal allein, häufig paarweise Flügelspitze an Flügelspitze, ziehen sie, scheinbar schwerelos und nur vom Aufwind getragen, ihre Kreise, um sich dann im nächsten Augenblick mit atemberaubender Geschwindigkeit in die Tiefe zu stürzen.

Wie sie sich im Aufwind drehen, wenn sie eine Richtungsänderung einschlagen, wie sie beim Hinabtauchen ihre Flügel anlegen und sie beim Abfangen der Geschwindigkeit wieder ausbreiten, dies alles erinnert mich immer wieder an Springer im freien Fall. Absurd? Nur wer jemals mit anderen Springern zusammen mit einer Geschwindigkeit von 170 bis 250 Stundenkilometer hinuntergerast ist, wer gesehen hat, wie sie sich in der Luft bewegen, wie sie sich drehen, Salti und Purzelbäume schlagen, wie sie die Arme seitlich an den Körper legen, um dann im Flash, kopfvoraus, in die Tiefe zu tauchen, nur der kann dies wirklich nachempfinden.

Unversehens bin ich wieder beim Thema gelandet! Beim Fliegen – so nennen wir Springer das, was die anderen als Fallen bezeichnen – der Lust daran und der Angst davor... und Angst habe ich reichlich verspürt, als ich mich nach dem Winter 1980/1981 zum erstenmal wieder mit dem Gedanken an das Springen beschäftigte.

Mößling, am 22. August 1981

Die lange Winterpause hat mir gut getan. Unbeschwerte, entspannte Wochenenden, lustvolle Erinnerungen an meine ersten Sprünge, fast jeden Abend, quasi als Betthupferl, noch ein kleiner Kick – die Tür öffnet sich und gibt den Abgrund frei.

Dann endlich ist es soweit – der Winter verabschiedet sich, die Natur blüht auf und ich kann wieder zum Springen gehen.

Aber ich tu's nicht! Die erste längere Pause ist die schwerste, wird man mir später sagen. Selbst sehr erfahrene Springer müssen sich immer wieder von neuem überwinden, aber wer den ersten Winter übersteht, bleibt auch dabei. Wie tröstend!

Monatelang zögere ich die Fortsetzung meiner Karriere als Fallschirmspringer hinaus. Prüfungsvorbereitungen, familiäre Verpflichtungen, da und dort ein Wehwehchen – alles ist mir recht, was sich dazu eignet, das Unabwendbare aufzuschieben. Allein schon der Gedanke an das, was mir bevorsteht, läßt meinen Puls kräftig ansteigen. Auf meine allabendlichen Phantasiereisen verzichte ich inzwischen.

Ein Springerkollege erleichtert mir die Entscheidung. Als er an einem Freitagabend anruft und mich um eine Mitfahrgelegenheit bittet, sage ich sofort zu.

Am nächsten Morgen sitze ich, wieder mit einem Scheingriff ausgestattet, gegen 10.30 Uhr im ersten Lift. Ich bin kaum in der Lage, meine Erregung zu unterdrücken. Obwohl ich wegen der brütenden Hitze in der kleinen Maschine den Helm nach dem Start gleich wieder abgelegt habe, fließt der Schweiß in Strömen an mir herab. Meine Augen sind von den ständigen Versuchen, sie mit dem Ärmel meiner Kombi zu trocknen, schon wund gerieben. Jedes Durchsacken der Maschine, jede noch so kleine, unregelmäßige Bewegung, löst neue Adrenalinstöße in mir aus. Ich spüre das heftige Pochen meiner Halsschlagader, meine Kehle ist völlig ausgetrocknet und schmerzt. Immer wieder versuche ich meinen Blick auf irgend etwas zu fixieren.

Vergeblich – meine Augen machen sich selbständig und wandern ruhelos umher, ab und zu auf die mitleidigen Blicke meiner Springerkollegen stoßend. Aber die können mir auch nicht helfen!

Als ich mit meinen Vorbereitungen beginne, werde ich etwas ruhiger. Brustgurt anziehen – sitzen die Beingurte richtig – ist die Brustreserve eingehängt – liegt die Aufziehleine frei – ist der Karabiner eingeklinkt – sitzt der Pin nicht zu fest? Alles ok. – es wird schon schiefgehen. Ein kurzer Blick auf den Höhenmesser: noch keine 500 Meter – Gott sei Dank! Ich habe noch etwas Zeit.

Von wegen! Ein schriller Hupton löst einen neuen Adrenalinstoß aus: Sind wir etwa schon im Endanflug? Der Höhenmesser meines Nachbarn bestätigt meine dunkle Vorahnung: Ich habe vergessen, meinen zu justieren!

Jetzt geht alles Schlag auf Schlag. Der Pilot drosselt den Motor und der Absetzer öffnet, gegen den Fahrtwind ankämpfend, die Tür. Ein kurzes Nicken: Es ist soweit.

Ich bin als erster dran. Ich hebe meine Füße an und versuche mich auf die Türschwelle zu setzen. Aber ich schaffe es nicht. Der Anpreßdruck der Luft ist zu groß. (Quatsch! Vor lauter Angst haben mich meine letzten Kräfte verlassen, und wenn mich der Absetzer nicht an der Schulter gepackt und nach draußen geschoben hätte, würde ich noch jetzt da sitzen.)

Ein letzter fragender Blick zurück, ein paar tiefe Atemzüge, dann springe ich.

X-Lage – Kopf in den Nacken – Hohlkreuz. Mein Körper wird von der Luft gepackt und weggetragen. Und sofort ist es wieder da – dieses Wahnsinnsgefühl. Ich fliege. Die Maschine entfernt sich lautlos; das Gesicht in der Türöffnung wird kleiner. Ich nehme eine leichte Drehung wahr und drücke instinktiv den Kopf noch weiter in den Nacken. Sofort stabilisiert sich mein Flug. Ein kaum hörbares Geräusch an meinem Rücken – der Schirm ist frei und wird sich gleich öffnen.

Ein gewaltiger Ruck, ein stechender Schmerz zwischen den Beinen – oh, dieses Gurtzeug ist wirklich eine Zumutung – und ich hänge, so als wäre es die natürlichste Sache der Welt, am Schirm. Ein prüfender Blick nach oben: Alles ok. Ich genieße den Blick auf die Erde und die absolute Stille um mich herum.

Ohne Vorwarnung entlädt sich plötzlich die ganze angestaute Spannung in mir. Voll Übermut und Freude stoße ich einen lauten Schrei aus, greife in die Steuerseile und beginne mit dem Schirm einen Walzer zu tanzen. Dann gehe ich in Gedanken den Sprung noch einmal Phase für Phase durch.

Der Absetzpunkt war prima gewählt; ich werde meine Flugrichtung kaum korrigieren müssen. Als ich nach unten sehe, fällt mein Blick auf den Scheingriff, der immer noch in seiner Halterung am rechten Tragegurt steckt. Na ja, man kann nicht an alles denken. Fürs erste bin ich jedenfalls sehr zufrieden.

Das sieht auch mein Fallschirmlehrer so! Nach ein paar wohlwollenden Frotzeleien – er glaubt tatsächlich, in meinen Augen kurz vor dem Absprung so etwas wie Angst wahrgenommen zu haben – vertröstet er mich auf den nächsten Sprung. Wenn ich dann mit dem Scheingriff einigermaßen klarkomme, könne man morgen schon an den ersten manuellen Sprung denken.

Wenn Streß zur Sucht wird

Wie ein noch relativ unerfahrener Fallschirmspringer auf die Ankündigung seines ersten manuellen Sprungs reagiert, können Sie sich bestimmt gut vorstellen: mit Herzklopfen, trockenem Mund, Schweißausbrüchen, Nervosität und allen möglichen anderen körperlichen und psychischen Anzeichen einer typischen Streßreaktion. Mit dieser völlig ohne unser bewußtes Zutun ablaufenden Reaktion verfolgt der Organismus die Absicht, uns zusätzliche Energien zur Verfügung zu stellen, so daß wir den bevorstehenden Kampf – oder, falls dieser aussichtslos wäre, auch eine mögliche Flucht – optimal gerüstet antreten können.

Um unsere Überlebenschancen in Gefahrensituationen zu verbessern, werden aber nicht nur Kraftreserven mobilisiert, sondern auch noch eine Reihe anderer Prozesse ausgelöst. Dazu gehören unter anderem die Reduzierung bestimmter Körperfunktionen, wie etwa die der Verdauung und der Sexualität und die Erhöhung der Blutgerinnung. Ziel dieser Maßnahmen ist es einerseits, Energie einzusparen (nach dem Motto: während des Kampfs muß er ja nicht essen und schon gar nicht seinen sonstigen Trieben nachgeben) und zum anderen, den Körper davor zu bewahren, durch Blutverlust zusätzlich geschwächt zu werden.

Wenn wir unserer Befindlichkeit und unseren Körperreaktionen in Streßsituationen etwas Beachtung schenken, können wir noch ein weiteres Phänomen beobachten: Unter unmittelbarer Schockeinwirkung bereiten Wunden keine nennenswerten Schmerzen. Der Organismus ist im Notfall in der Lage, eigene schmerzhemmende Substanzen zu produzieren. Aufgrund dieser Fähigkeit können leichtere Verletzungen ohne wesentliche Einbuße an Kampfbereitschaft verkraftet werden. Die Stoffe, die dies bewerkstelligen, sind als sogenannte Endorphine bekannt. Das sind morphinartige Substanzen, deren Wirkung vergleichbar ist mit der starker Analgetika wie Codein, Opium oder Morphium. Daneben weiß man seit längerem, daß sie auch bei Ausdauersportlern, etwa bei Marathonläufern, für das Überwinden von Schmerzzuständen verantwortlich sind. Weitere Eigenschaften wollen wir uns nicht im Detail ansehen, dafür aber einige neuere Experimente, die ein erstaunliches und für unsere Fragestellung sehr interessantes Ergebnis zu Tage förderten.

In diesen Experimenten wurden Ratten einem starken Stressor ausgesetzt, einer Katze. Obwohl für die Ratten keine unmittelbare Gefahr bestand – die Katze war in einem Nachbarkäfig untergebracht –, reagierten sie mit heftigen Streßreaktionen und mit einer deutlichen Steigerung ihrer Produktion an körpereigenen Morphinen.

Wurden die Ratten nach einer längeren Zeit der regelmäßigen Konfrontation mit dem Stressor in Käfige verbracht, in denen sie keinerlei Bedrohung empfanden, entwickelten sie deutliche Entzugserscheinungen, also Symptome, die in der Psychopathologie als typische Anzeichen für eine Suchtproblematik gelten. In weiteren Untersuchungsreihen zeigte sich, daß dieselben Ratten, vor die Wahl zwischen einer angstfreien und einer Streßsituation gestellt, trotz der drohenden Gefahr die Streßsituation bevorzugten. Allem Anschein nach brachten sie ihren Endorphinspiegel durch die Konfrontation mit einem Stressor wieder auf das vorher erreichte Niveau. Die Gewöhnung an höhere Endorphindosen scheint in ihnen ein körperliches Bedürfnis nach diesen Stoffen ausgelöst zu haben.

Diese Ergebnisse lassen sich natürlich nicht unmittelbar auf unsere Fragestellung anwenden. Ethische und moralische Gründe verbieten es darüber hinaus, ihre Übertragbarkeit durch Experimente an Menschen zu überprüfen. Andererseits sind die Hinweise auf eine Endorphinsucht der Ratten als Folge der fortgesetzten Konfrontation mit Stressoren zu deutlich, als daß wir sie ignorieren könnten. Wir sollten diese Möglichkeit auch beim Menschen in Betracht ziehen und sie bei unseren Überlegungen zu den Ursachen von Risikoverhalten mitberücksichtigen. Unsere Hypothese wäre also, daß auch Stoffwechselprozesse an der Ausprägung dieses Verhaltensstils beteiligt sind. Und die Annahme einer Streßsucht, wenn wir sie so benennen wollen, ließe tatsächlich eine Reihe bisher noch weitgehend ungeklärter Phänomene in einem anderen Licht erscheinen.

So etwa die »Arbeitswut« der sogenannten *Workaholics*. Von ihr weiß man, daß sie sich typischerweise über eine Geschichte von lange anhaltenden oder immer wiederkehrenden Streßsituationen herausgebildet hat. Gehen wir von der Annahme einer Streßsucht aus, so könnte man diese Arbeitswut als den Versuch interpretieren, der vorausgegangenen Gewöhnung an höhere Endorphindosen und dem damit verbundenen angenehmen und lustvollen Erleben bestimmter körperlicher Reaktionsweisen durch die ständige Neuproduktion von Endorphinen gerecht werden zu wollen. Im Sinne einer Anpassungsreaktion auf veränderte Stoffwechselbedingungen würde sich die ständige Suche nach Stressoren als ein Verhalten darstellen, das als Antwort des Organismus auf bestimmte Anforderungen der Umwelt entstanden ist. Derartiges könnte natürlich nicht nur auf Workaholics zutreffen, sondern auch und erst recht auf Risikosucher.

Eine Streßsucht, gehen wir von dieser Hypothese weiter aus, wäre jedoch nicht nur durch das wiederholte Aufsuchen bestimmter Reizbedingungen charakterisiert, sondern auch durch die Entwicklung der bereits erwähnten Entzugssymptome. Solche Entzugssymptome sind etwa Ruhelosigkeit, allgemeines Desinteresse, Appetitmangel, Hitzewallungen, spezifische Schmerzzustände oder auch Schlafstörungen.

Ein weiteres Kriterium für eine Sucht oder Abhängigkeit besteht in der zunehmenden Gewöhnung an die jeweilige Dosis und die gleichzeitige Abschwächung des Effekts. Um dem entgegen zu wirken, muß der Süchtige die Dosis immer weiter steigern, will er den gewünschten Effekt erzielen. Alkoholiker werden beispielsweise dann anstatt ihrer täglichen Ration von einer Flasche Schnaps eineinhalb Flaschen trinken müssen. Tun sie das nicht, das heißt nehmen sie überhaupt keinen Alkohol zu sich oder aber in zu geringer Menge, stellen sich sehr unangenehme Entzugssymptome ein. Diese reichen beim Alkoholismus vom Zittern der Hände über Organschmerzen bis hin zum Delirium tremens. Für andere Drogen, wie zum Beispiel Heroin, gilt Ähnliches.

Sind Risikosucher, gemessen an diesen Suchtkriterien, als streßsüchtig zu bezeichnen und könnte diese Sucht der eigentliche Grund für die Ausübung von Risikoverhalten sein? In Einzelfällen, ja. Man kann jedoch davon ausgehen, daß es zur Entwicklung einer Abhängigkeit relativ hoher Dosen an körpereigenen Morphinen bedarf und damit auch sehr häufiger und intensiver Erfahrungen mit Risikosituationen. Eine echte körperliche Abhängigkeit mit derart massiven Symptomen, wie sie bei Drogenabhängigen auftreten, dürfte demnach unter Risikosuchern zwar eher selten zu finden sein, gänzlich auszuschließen wäre sie aber sicherlich nicht.

Für eine Streßsucht spräche auch, daß zwischen der Tendenz mancher Risikosucher, sich in immer gewagtere Aktionen und immer gefährlichere Abenteuer zu stürzen, und der *Toleranzentwicklung* bei Süchtigen – so nennt man den Drang zu immer höheren Dosen – gewisse Ähnlichkeiten oder sogar Übereinstimmungen festzustellen sind. In beiden Fällen gelingt es den Betroffenen nicht, das erreichte Niveau zu halten und daraus ihre Befriedigung zu beziehen.

Wie wir jedoch wissen, sind nicht alle Risikosucher ständig und immer wieder auf eine Steigerung ihrer waghalsigen Unternehmungen aus. Den meisten genügt es schon, sich einmal pro Woche den Reiz der Gefahr zu gönnen; ansonsten nehmen sie mit den Anregungen des täglichen Lebens vorlieb. Wenn also ein echtes Suchtverhalten mit körperlicher Abhängigkeit in Frage käme, dann wohl am ehesten bei der relativ kleinen Zahl an extremen Risikosuchern, die kaum eine Gelegenheit auslassen, sich mit immer neuen und immer gefährlicheren Herausforderungen zu konfrontieren – vielleicht tatsächlich, um auf diese Art ihren Bedarf an körpereigenen Morphinen zu decken.

Bei der Mehrzahl, also den »normalen« Risikosuchern, könnte, wenn überhaupt, eine psychische Abhängigkeit zum Tragen kommen. Diese bestünde in einem starken Bedürfnis, einem Zwang, Situationen immer wieder aufzusuchen, die als besonders anregend und lustvoll erfahren werden.

Auch diese Möglichkeit werden wir später in Betracht ziehen. Zunächst aber noch einmal zurück zu der Frage, die wir uns am Ende des letzten Abschnittes gestellt haben. Worauf ist es zurückzuführen, daß sich Risikosucher, obwohl sie um die Einschränkung ihrer Leistungsfähigkeit unter starkem Streß wissen, dennoch immer wieder mit Extremsituationen auseinandersetzen? Eine Streßsucht, wie wir sie eben diskutiert haben, dürfte unseres Erachtens nur in Ausnahmefällen den Ausschlag geben. Andere Faktoren müssen also noch hinzukommen, um aus einem, der die Erregung liebt, einen echten Risikosucher werden zu lassen. Möglicherweise spielen hier weniger physiologische als psychologische Gesichtspunkte die entscheidende Rolle. Mit ihnen werden wir uns in den folgenden Abschnitten beschäftigen.

En casa, am 10. August 1992

Ich habe eine Krise!

Ich liebe dieses kleine, vom Tourismus noch relativ verschont gebliebene Fischerdorf im Norden meiner Insel.

Und ich liebe die verwinkelte Wohnung mit ihren winzigen Zimmern und der schnuckeligen Loggia direkt über dem Meer, die mir Rafael Gonzalez für die Dauer meines Aufenthalts zur Verfügung gestellt hat.

Aber ich habe inzwischen Probleme mit dem Mini-Rummelplatz, keine dreißig Meter von meiner Wohnung entfernt! Nichts gegen spanische Schlager! Rummelplatzmusik ist wohl auf der ganzen Welt schlecht. Aber warum verdammt noch mal muß der Mensch dort unten immer die gleichen Lieder spielen???

Jeden Tag, pünktlich um 6 Uhr, schaltet er die Lichterketten an seinem Karussell ein, wirft den Verstärker der Musikanlage an – und dann geht's los: Vorderseite – Rückseite – Vorderseite – Rückseite... immer wieder dieselbe Kassette. Und das bis Mitternacht! Ich kenne inzwischen alle Lieder, kann sie schon mitsingen... ABER ICH KANN SIE NICHT MEHR HÖREN.

Ganz einfach, werden Sie denken. Fenster zu, Läden schließen, dann hat er seine Ruhe. Von wegen! Hab' ich alles schon probiert. Dieses Gedudel durchdringt sämtliche Ritzen, macht vor keiner Mauer halt, ja, nicht einmal vor meinem Gehirn. Gestern habe ich mich doch tatsächlich beim Mitpfeifen ertappt.

Wenn dieser Typ nicht sofort seinen Kasten abschaltet oder wenigstens seiner zweiten Kassette eine Chance gibt – er hat doch hoffentlich noch eine – gehe ich runter und...

Ich tu's nicht. Ich bleibe lieber hier und schreibe weiter. Irgendwie wird es schon gehen. Wo war ich stehengeblieben?

Risikosucher tun das, was sie tun, nicht, weil es ihnen in die Wiege gelegt wurde und sie es, ohne zu wissen weshalb, einfach beherrschen. Im Gegenteil! Sie mußten sich alles, was sie für ihre Leidenschaft an Fähigkeiten und Wissen benötigen, irgendwann einmal mühsam aneignen: die Freifallhaltung beim Fallschirmspringen, die Klettertechnik beim Bergsteigen, das Steuern des Gleitschirms und all die anderen instrumentellen Fähigkeiten, die nötig sind, um aus mehr oder weniger extremen Situationen unbeschadet hervorzugehen.

Möglicherweise sind aber nicht nur die speziellen Fähigkeiten das Produkt von Lernerfahrungen, sondern auch jene Voraussetzungen in der Person, auf deren Suche wir sind und die uns einen weiteren Zugang zu dem Phänomen »Risikoverhalten« eröffnen sollen. Das jedenfalls glaubt die *Lern-* beziehungsweise die *Verhaltenstheorie*, die sich intensiv mit Lernprozessen beschäftigt und deren Grundlagen systematisch erforscht hat. Wir wollen uns zunächst mit dem Wesen von Lernen auseinandersetzen, das heißt uns fragen, nach welchen grundlegenden Prinzipien es erfolgt, und uns dann überlegen, welche Schlüsse daraus für die Entstehung und für die etwaigen Motive von Risikoverhalten zu ziehen sind.

Den Grundannahmen der Verhaltenstheorie entsprechend, wird jegliches Verhalten, mit Ausnahme von Instinkten und Reflexen, über Lernprozesse erworben. Dabei gibt es grundsätzlich zwei verschiedene Lernformen: die *klassische Konditionierung* und die *operante Konditionierung*.

Bei der klassischen Konditionierung erfolgt das Lernen durch die Verknüpfung eines Verhaltens mit einem Signalreiz. In den berühmt gewordenen Experimenten von Pawlow an Hunden wurde die Gabe von Futter immer durch ein Klingelzeichen eingeleitet. Nach mehreren Wiederholungen genügte bereits das Klingelzeichen alleine, um bei den Hunden den natürlichen Reflex auf den Anblick von Futter auszulösen, nämlich den Speichelfluß.

Die operante Konditionierung, oft auch als Verstärkungslernen oder Lernen am Erfolg bezeichnet, basiert auf den Konsequenzen von Verhalten. Ein Verhalten wird gelernt, wenn ihm positive Konsequenzen folgen, und verlernt, wenn es bestraft wird, ihm also unerwünschte Konsequenzen folgen. Auf dieser einfachen Erkenntnis beruhen beispielsweise viele Erziehungsprozesse. Zwanzig Mark für eine »Eins« in Mathematik sollen dafür sorgen, daß sich der Belohnte weiterhin anstrengt und auch in Zukunft gute Noten nach Hause bringt, während hinter der Ohrfeige die gegenteilige Erwartung steckt, nämlich die, daß ein bestimmtes Verhalten, zum Beispiel ein Schimpfwort zu benutzen, nicht mehr vorkommt.

Wenn wir uns, ausgehend von diesen beiden grundsätzlichen Formen des Lernens, zunächst überlegen, welche Art von Lernprozeß Risikoverhalten erzeugen könnte, gibt es nur eine mögliche Antwort: Es muß eine operante Konditionierung zugrunde liegen. Weshalb? Klassische Konditionierung ist nur bei reflexartigem, nicht willentlich beeinflußbarem Verhalten möglich, wie etwa bei dem erwähnten Speichelfluß der Hunde. Davon kann aber bei solchen Verhaltensweisen, wie sie bei Risikoaktivitäten auftreten, keine Rede sein. Wir können also davon ausgehen, daß Risikoverhalten durch operantes Lernen erworben wird.

Die Frage ist nun: Stellt es eine Annäherungs- oder eine Vermeidungsreaktion dar? Diese beiden unterschiedlichen Typen von operanten Lernprozessen spiegeln dieselben Verhaltensalternativen wider, die wir schon im Zusammenhang mit dem *Annäherungs-Vermeidungs-Konflikt* kennengelernt haben. Sie unterscheiden sich sowohl durch ihre Verhaltensziele als auch durch die zugrundeliegenden Lernprozesse.

Annäherungsverhalten bedeutet immer eine Annäherung an positive, also an erwünschte Reize und wird durch diese verstärkt. Denken Sie etwa an den zuvorkommenden Kellner in ihrem Lieblingsrestaurant. Für seine Leistungen belohnen Sie ihn mit einem guten Trinkgeld. Wenn er sich über das Trinkgeld freut, was wir annehmen können, wird er Sie auch weiterhin aufmerksam und freundlich bedienen. Lerntheoretisch betrachtet verstärkt das Trinkgeld also das erwünschte Verhalten und erhöht damit die Wahrscheinlichkeit seines Auftretens. Glauben Sie jetzt aber bitte nicht, daß Menschen nur freundlich sind, wenn sie dafür Geld bekommen oder in anderer Weise belohnt werden. Bestimmt nicht! Aber die wenigsten wären es auch dann noch, wenn sie dafür bestraft würden.

Sehen wir uns den zweiten Grundtypus operanten Lernens an und dessen Ergebnis, die *Vermeidungsreaktion*. Eine Vermeidungsreaktion wird durch das Ausbleiben von erwarteten, negativen Folgen belohnt. Wenn beispielsweise ein Ehemann seiner Frau Blumen schenkt – wohlgemerkt, nachdem sie ihm schon öfter den Vorwurf gemacht hat, daß sie nie Blumen bekommt –, dann stellt dies eine klassische Vermeidungsreaktion dar. Der Ehemann vermeidet durch die mitgebrachten Blumen die befürchteten Vorwürfe und die Auseinandersetzung mit seiner Frau.

Zurück zu unserer Ausgangsfrage: Handelt es sich bei Risikoverhalten um eine Annäherungs- oder eine Vermeidungsreaktion? Wäre es ein Annäherungsverhalten, müßte seine Ausübung durch Belohnung verstärkt werden. Sehen Sie irgendeine Belohnung für Risikoverhalten – mit Ausnahme von Bewunderung, Aufmerksamkeit und anderen Formen von Zuwendung? Ich auch nicht – zumindest noch nicht!

Bei der Entstehung und für die Begründung von Risikoverhalten dürfte also die Vermeidung im Vordergrund stehen, die Vermeidung all der katastrophalen Konsequenzen, die aus einem falschen Griff an der Wand, einer Störung bei der Öffnung des Fallschirms oder einer falsch kalkulierten Windbö resultieren könnten.

Vermeidung, so mögen Sie vielleicht einwenden, würde doch aber bedeuten, daß man diese Situationen erst gar nicht aufsucht, sich also nicht in Gefahr begibt. Richtig! Aus diesem Grund unterscheiden wir auch zwischen *passiver* und *aktiver Vermeidung*. Sich einer Gefahr nicht auszusetzen wäre passive Vermeidung. Sie hat den Vorteil, daß man kein Risiko eingehen und damit auch keine Angst haben muß. Aber sie hat auch einen gravierenden Nachteil.

Und damit sind wir bei einem wichtigen Punkt, sowohl was das Wesen von und den Umgang mit Ängsten allgemein betrifft, als auch hinsichtlich der Erklärung von Risikoverhalten im speziellen. Der Nachteil von passiver Vermeidung besteht nämlich darin, daß man die Angst vor der Situation durch deren Vermeidung nicht bearbeiten und damit auch nicht überwinden kann.

Jemand, der beispielsweise Angst vor dem Zahnarzt hat und konsequent jeden Zahnarztbesuch vermeidet, wird, neben einem zusehends maroder und unbrauchbarer werdenden Gebiß, auch in Kauf nehmen müssen, daß er nicht nur seine Angst mit großer Wahrscheinlichkeit behält, sondern daß sie im Laufe der Zeit sogar noch stärker werden und sein Leben immer mehr beeinträchtigen könnte.

Angstbewältigung setzt also immer die aktive Auseinandersetzung mit dem voraus, wovor man Angst hat. Und das bezeichnen wir als aktive Vermeidung: Die Annäherung an Situationen, die Angst auslösen, mit dem Ziel, durch die Konfrontation mit der Angst und durch die Vermeidung der befürchteten Konsequenzen die Angst zu überwinden.

Die bereits erwähnte Angst vor dem Zahnarzt ist vielen vertraut. Wenn sie tatsächlich so stark ist, daß man einer Zahnbehandlung, wann immer möglich, aus dem Weg geht, schränkt sie das tägliche Leben, das Wohlbefinden massiv ein. Gegen diese Angst vorzugehen und sich ihr aktiv zu stellen wäre demnach vernünftig – und natürlich der Gesundheit zuträglich.

Was aber ist mit der Angst vor dem Sprung aus dem Flugzeug, vor dem Durchklettern der Wand, vor dem Tauchen in die Tiefe? Sind auch dies Ängste, die unser normales Leben in irgendeiner Weise beeinträchtigen? Kaum! Zumindest nicht für den Durchschnittsmenschen – höchstens für diejenigen, die das Fallschirmspringen, das Bergsteigen oder das Tauchen berufsmäßig ausüben. Gegen welche Art von Ängsten versuchen Risikosucher dann aber anzugehen? Was könnte wirklich dahinterstecken?

Die Verhaltenstheorie, die den Schwerpunkt auf das aktuelle Verhalten legt und dabei dessen Entstehungsbedingungen vernachlässigt, gibt uns auf diese Frage keine befriedigende Antwort. Wir können nur generell vermuten, daß Risikoverhalten den Versuch darstellt, gegen alle Ängste vorzugehen, die Menschen in unserer Zeit beschäftigen. Das können sehr individuelle, tief in der Person verankerte Ängste vor bestimmten, immer wiederkehrenden Situationen sein, wie die Angst vor einem Gespräch mit einer Autoritätsperson oder vor Prüfungssituationen, aber auch ganz allgemeine Ängste, beispielsweise die Angst vor der Umweltverschmutzung oder vor dem Ozon-Loch.

Sie bezweifeln, daß jemand durch die Überwindung der Angst beim Fallschirmspringen auch seine Prüfungsangst abbauen kann? Um ganz ehrlich zu sein: ich auch. Und es ist auch kaum anzunehmen, daß Risikosucher ernsthaft an diese Möglichkeit glauben. Worum es ihnen gehen könnte, ist die *Angst vor der Angst*, oder vielmehr, die Angst vor all den unangenehmen Begleiterscheinungen, die sich im Zustand der Angst einstellen.

Gefühle der Hilflosigkeit und der mangelnden Kontrolle über das, was geschieht, sind charakteristisch für jegliche Angst. Sie beeinflussen den Betroffenen oft in stärkerem Ausmaß als das unmittelbare Angstempfinden selbst. Wenn man sie doch wenigstens in den Griff bekommen könnte, wenn man sich nicht mehr so ausgeliefert fühlte, wäre alles halb so schlimm. Dann könnte man nicht nur die Angst in anderen Situationen besser bewältigen, sondern vielleicht auch deren unliebsame Konsequenzen vermeiden.

So oder so ähnlich mögen manche Risikosucher die bewußte Begegnung mit der Angst in ihrem tiefsten Inneren begründen. Hinter der Konfrontation mit Gefahren steht also, der verhaltenstheoretischen Interpretation zufolge, der Wunsch, sich zu beweisen, daß man trotz Angst, trotz Anspannung und Erregung in der Lage ist, die Situation zu meistern. Sich fit zu machen für jegliche Gefahren, Vertrauen in sein Leistungsvermögen auch unter extremer Belastung zu gewinnen und damit sein Selbstbewußtsein zu verbessern, wären die zentralen Motive. Wer mit den gefährlichsten Situationen zwischen Himmel und Erde zurechtkommt, wird nicht an banalen Alltagsproblemen scheitern.

Wenn wir uns diesem Gedankengang anschließen, dann wissen wir jetzt zumindest, welches Motiv Risikoverhalten auslösen könnte. Worüber wir allerdings nichts erfahren, ist die Genese dieses Verhaltens, das heißt, seine Entstehung und seine Entwicklungsbedingungen. Ob beispielsweise hinter Risikoverhalten ganz spezielle, tief verborgene Ängste stecken, und welches die Gründe sind, die Risikosucher dazu veranlassen, gerade diese Form der Angstbewältigung zu wählen, bleibt im dunkeln. An diesem Punkt könnte uns aber vielleicht die Psychoanalyse weiterhelfen. Mit ihren Erklärungsmodellen zu Risikoverhalten werden wir uns deshalb im folgenden beschäftigen.

Mößling, am 23. August 1981

Ich wache total verkatert auf und habe erst einmal Schwierigkeiten, mich zu orientieren. Ach ja, ich bin in dem kleinen Gasthof in der Nähe das Flugplatzes. Was für eine Nacht! Ich habe kaum ein Auge zugetan. Dieses Bett spottet wirklich jeder Beschreibung!

Daran allein lag's ja wohl nicht. Ein Griff an die Schlagader meines linken Handgelenks holt mich in die Realität zurück. Geschätzte 120 – und das um 8 Uhr morgens! Jetzt weiß ich auch, warum ich so schlecht geschlafen habe. Mir steht heute einiges bevor. Beim zweiten Sprung gestern hatte ich sofort den Scheingriff gezogen und die Zeit scheint reif – das meinte zumindest mein Lehrer in der Schlußbesprechung am Abend – heute den nächsten Schritt zu tun: den ersten manuellen Sprung.

Auch die Generalprobe drei Stunden später verläuft befriedigend. Es dauert zwar einige Zeit, bis ich den Griff glücklich in Händen halte – oder vielmehr: in meinen Händen wähne, denn, wie gewonnen so zerronnen, lasse ich ihn los und er segelt davon (DM 30 auf meine Rechnung!) – aber immerhin schaffe ich es, bevor sich der Schirm ganz geöffnet hat.

Ich hasse Fallschirmpacken! Es ist eine stupide und langweilige Tätigkeit, die keinem vernünftigen Zweck dient. Außer natürlich dem einen! Die Kohnke-Dreiecke, ausgemusterte Bundeswehrschirme, mit denen ich meine Automatiksprünge absolviere, sind besonders unangenehm zu packen. Andererseits stehen sie aber in dem Ruf, sehr sicher zu sein, was ich nur bestätigen kann, denn meine Sorgfalt beim Packen dieser Schirme ließ oft zu wünschen übrig. Wenn der aufgeht, geht jeder auf, dachte ich mehr als einmal auf dem Schweller des Ausstiegs sitzend.

Als ich nun, quasi als Belohnung für den ersten manuellen Sprung, eine relativ moderne Rundkappe, einen TU-Schirm, packen darf, lege ich mich besonders ins Zeug. Exakt wie die Hemden im Spind eines Rekruten liegen die Bahnen aufeinander, keine noch so kleine Unregelmäßigkeit stört den Verlauf der Fangleinen. Die Kappenbasis, der verstärkte, untere Rand des Schirms, scheint schon die Begegnung mit dem Luftstrom herbeizusehnen, so wollüstig streckt er sich mir entgegen, als ich ihn greife und in den Packsack schiebe. Am Schirm wird es bestimmt nicht liegen, wenn's schiefgeht... witzele ich vor mich hin.

Als die gute alte Do die letzte Load vor meinem Lift nach oben bringt, mache ich noch ein paar Auslöseübungen. X-Lage – linke Hand vor den Helm – gleichzeitig mit der rechten Hand den Griff aus der Halterung ziehen – und wieder zurück in die X-Lage. Und wieder von vorn...

Unmittelbar bevor ich in die Maschine steige, überprüft Günter noch einmal die Kap – einen Sicherheitsauslöser, der, im Fall des Versagens des Springers, den Hauptschirm automatisch öffnet – und stellt sie auf 5 Sekunden ein. Wir machen noch einige Funktionstests mit der Stoppuhr – die Kap funktioniert einwandfrei. Ich bin erleichtert. Wenn irgend etwas schiefgehen sollte... darauf kann ich mich wenigstens verlassen.

In der Maschine dann, eingeklemmt zwischen vier weiteren Springern, beschleichen mich wieder Zweifel. Ist es nicht doch noch zu früh? Ich habe doch erst drei Sprünge nach der langen Pause gemacht. Ist der TU wirklich so sicher, wie alle behaupten? Und überhaupt – was heißt das schon: im Ernstfall hat noch jeder den Griff gefunden? Werde ICH ihn finden? Rechtzeitig? Was passiert, wenn ich mich überschlage? Werde ich ohnmächtig? Aber Gott sei Dank habe ich ja die Kap! Ohne die würde ich nicht springen!

Zum ersten Mal in meinem Leben sehe ich die Welt aus 1200 Meter Höhe. Beeindruckend weit entfernt und doch so nah. Meinetwegen könnten es ruhig ein paar tausend Meter mehr sein. Dann hätte ich genügend Zeit zum Ziehen! Werde ich den Griff überhaupt finden? Bestimmt! Und wenn nicht – ich habe ja noch die Kap.

Als der Hupton den Endanflug ankündigt, bin ich erleichtert und verfalle sofort in hektische Betriebsamkeit. Brust- und Beingurte nachziehen, Helm aufsetzen, Pins am Haupt- und am Reserveschirm überprüfen, Höhe kontrollieren. Jetzt nur nicht denken! Die mitfühlenden Blicke um mich herum nehme ich beiläufig wahr. Sie stören mich nicht. Keine Zeit für Posen und Imponiergehabe.

Dann endlich ist es soweit. Die Tür wird geöffnet und ein anderer Erstspringer erhebt sich von seinem Sitz. Jetzt geht alles rasend schnell. Bei dem Versuch, über das Gewirr an Beinen am Boden zu steigen, bleibt er hängen, stößt mit dem Kopf an die Türumrahmung und beginnt mit den Armen zu rudern. Ein kurzes Durchsacken der Maschine gibt ihm den Rest. Endgültig aus dem Gleichgewicht gebracht, stürzt er rücklings aus der Maschine. Wir starren ihm entsetzt nach. Er überschlägt sich mehrmals... Dann aber, endlos erscheinende Sekunden später, öffnet sich der Schirm.

Aufatmen um mich herum. Jetzt bin ich dran! Ich denke nicht mehr – ich spule nur noch ein Programm ab: X-Lage – Kopf in den Nacken – Hohlkreuz – linke Hand vor den Helm – mit rechter Hand ziehen... ziehen... ziehen... Letzte Zweifel: hoffentlich finde ich den Griff! Aber ich habe ja die Kap. Erleichterung. Ich springe.

Es ist wie immer. Ich werde von der Luft gepackt und fortgetragen. Ich fliege. Bis in die Haarwurzeln und die Zehenspitzen gespannt, registriere ich jede noch so kleine Veränderung meiner Lage. Kopf in den Nacken – Hohlkreuz – ich liege völlig stabil.

Gleich wird sich der Schirm öffnen... Was ist jetzt! Komm schon! Verdammt... ICH MUSS ZIEHEN! Alle Grundregeln mißachtend, drehe ich meinen Kopf und suche den Griff. Und dann kommt, was kommen muß. Ich werde instabil und beginne mich im Zeitlupentempo rückwärts zu überschlagen.

Plötzlich ein Knall. Ich werde hochgerissen – und hänge am Schirm. Noch nach Atem ringend, greife ich in die Haupttragegurte und ziehe sie auseinander. Durch den Überschlag im freien Fall hatten sich die Fangleinen bei der Öffnung ineinandergedreht. Dann erst sehe ich den Griff in meiner rechten Hand. Ich hab's tatsächlich geschafft. Unglaublich! Ich könnte schreien vor lauter Glück. Was heißt »ich könnte«? Ich tu's!

Am Abend wird – Fallschirmspringer unterscheiden sich da nicht wesentlich von Keglern, Kaninchenzüchtern oder Kleingärtnern – kräftig gefeiert. Zwei neue Mitglieder im erlauchten Kreis der manuellen Springer – da sind schon einige Biere fällig! Anekdoten werden erzählt, Meisterleistungen geschildert... mir drängt sich ein weiterer Vergleich auf – der mit den Jägern.

Aber so faszinierend die Geschichten auch sein mögen, ich höre nur mit einem Ohr hin. In Gedanken bin ich immer noch bei meinem Sprung. Und je öfter ich ihn an mir vorüberziehen lasse, desto unsicherer werde ich. Habe ich tatsächlich selbst ausgelöst? Oder etwa doch die Kap?

Eine Bemerkung meines Lehrers hatte mich mißtrauisch gemacht. Meine Frage, ob ich selbst gezogen habe, quittierte er nur mit einem Grinsen und der Feststellung: »Hundertprozentig!« Wie konnte er so sicher sein? Ich war zu diesem Zeitpunkt schon mindestens 150 Meter von ihm entfernt. So genau konnte er das doch gar nicht sehen!

Zu fortgeschrittener Stunde ziehe ich ihn dann beiseite und mache meinen Zweifeln Luft. Er schaut mich nachdenklich an. »Du würdest nicht hiersitzen, wenn du nicht selbst gezogen hättest.«

Die Kap hatte versagt! Als man sie am Boden von meinem Gurtzeug montierte, war sie immer noch dabei, auszulösen. Nicht fünf Sekunden nach meinem Absprung, sondern fünfzehn Minuten! Jetzt ist auch mir zum Feiern zumute.

Bei dem Wort »Psychoanalyse« denken Sie vermutlich als erstes an ein Ledersofa und an einen gütig dreinblickenden, weißhaarigen Herrn, der gemeinsam mit dem auf dem Sofa liegenden »Opfer« in dessen Kindheit herumwühlt. Und so wie Ihnen geht es den meisten Menschen.

Denn die Psychoanalyse zählt auch noch annähernd hundert Jahre nach ihrer Grundlegung durch Sigmund Freud zu den bekanntesten und verbreitetsten Formen der psychotherapeutischen Behandlung.

Mindestens ebenso große Bedeutung hat sie aber durch ihre bahnbrechenden Theorien psychischer Prozesse erlangt. So könnte sie für unsere Suche nach den Ursachen von Risikoverhalten insofern hilfreich sein, als sie sich bei der Analyse individueller Entwicklungslinien speziell mit den Erlebnissen und Erfahrungen während der Kindheit, insbesondere in den ersten Lebensjahren, befaßt.

Risikoverhalten zählt zwar nicht zu den bevorzugten Arbeitsgebieten von Psychoanalytikern, dennoch liegen verschiedene Ansätze zur Erklärung seiner Ursachen und Genese vor. Die zwei wichtigsten Modelle wollen wir uns etwas genauer ansehen.

Das eine – es wurde von dem ungarisch-englischen Psychiater *Michael Balint* entwickelt – sieht in Risikoverhalten eine Reaktion des Individuums auf das traumatische Erlebnis der Geburt. Zu einem anderen Ergebnis kommt der 1939 aus Österreich in die Vereinigten Staaten emigrierte Psychoanalytiker *Heinz Kohut*. Seiner Auffassung nach liegt bei Risikosuchern eine fehlgeleitete Entwicklung im Anschluß an ein prägendes Erlebnis in der mittleren Kindheit vor. Beginnen wir zunächst mit Balints Modell und überlegen uns, in welchem Zusammenhang Risikoverhalten und Geburtstrauma zueinander stehen könnten.

Wir wissen seit langem, daß Leben nicht erst mit der Geburt beginnt, sondern wesentlich früher, nämlich bereits im Mutterleib. Der Fetus lernt in den verschiedenen Stadien seiner pränatalen, also seiner vorgeburtlichen Entwicklung, erste Wahrnehmungen zu machen, Bewegungen auszuführen und er beginnt, auf Außenreize zu reagieren.

Sein Verhältnis zu seiner Umwelt ist in dieser Zeit uneingeschränkt positiv. Zwar nimmt er sie schon als getrennt von sich wahr, doch empfindet er sie nicht als Gegensatz, da sie alle seine Bedürfnisse befriedigt, ihn versorgt und beschützt. So ist dieser erste Abschnitt im Leben eines Menschen von einer »harmonischen Verschränkung« zwischen Individuum und Umwelt gekennzeichnet.

Mit der Geburt selbst tritt nun eine dramatische Veränderung ein. Der harmonische *Primärzustand* wird zerstört, es kommt zur Trennung. Der Säugling muß nun lernen, daß die Umwelt nicht immer im Einklang mit seinen Interessen steht, sondern diesen sogar häufig Widerstand entgegenbringt.

In dieser Phase entwickelt das Individuum zwei unterschiedliche Strategien, um sich mit den neuen Lebensumständen zu arrangieren. Beide verfolgen letztlich aber dasselbe Ziel: den ursprünglichen Zustand der Einheit zwischen sich und der Umwelt wiederherzustellen.

Die eine Strategie – von Balint als *oknophile Strategie* bezeichnet – besteht darin, negative Erfahrungen mit der Umwelt zu leugnen und sich um eine besonders enge Bindung zu ihr zu bemühen. Der Oknophile klammert sich an die »Objekte« – Objekte können Menschen genauso sein wie Gegenstände –, richtet sein ganzes Streben auf Harmonie aus und versucht, Dissonanzen im Keim zu ersticken. Auf diese Weise kann er die Illusion von der uneingeschränkten Einheit zwischen sich und seiner Umwelt aufrechterhalten.

Diese Strategie hat aber auch gravierende Nachteile. Zum einen sind Unselbständigkeit und Abhängigkeit die zwangsläufige Folge. Zum anderen erweist sich aber auch die so sehr erwünschte Einheit oft als trügerisch. So erlebt der Oknophile immer dann Angst, wenn er sich, auch nur befristet, von den Objekten trennen und der Unsicherheit fehlender Bindung aussetzen muß. Die Trennung vom Partner, tiefgreifende Zerwürfnisse oder auch Zeiten der Arbeitslosigkeit sind entsprechend bei Menschen, die eine starke Tendenz zum Klammern beziehungsweise zur oknophilen Strategie haben, besonders angstbesetzt. Sicherheit und Geborgenheit stellen sich als Belohnungen beim Eingehen einer neuen Partnerschaft, beim Beilegen von Konflikten oder nach der Aufnahme eines neuen Jobs ein.

Soweit zum Oknophilen und seinem Weg, sich mit den Widerständen der Welt auseinanderzusetzen. Nun aber zum sogenannten »Philobaten«, wobei wir an dieser Stelle festhalten sollten, daß oknophile und philobatische Strategie keine echten Gegensätze darstellen, sondern in jedem Menschen vorhanden sind. Balint nimmt an, daß ein ausgewogenes Verhältnis zwischen ihnen psychische Gesundheit gewährleistet, während das Überwiegen der einen oder anderen zu einem Ungleichgewicht mit entsprechenden Problemen führt.

Der Philobat sieht sich im Verhältnis zu seiner Umgebung ganz anders als der Oknophile. Er empfindet die Objekte als gefährlich und bedrohend, da sie ihn immer wieder an die ersten schmerzvollen Begegnungen mit den Widerständen der Welt erinnern. Sein Ziel ist es deshalb, Fertigkeiten auszubilden, die ihn unabhängig und autark werden und die traumatische Trennung vergessen lassen. So fühlt er sich am sichersten, wenn er die Objekte vermeiden und damit wieder die grenzenlose Harmonie des Primärzustands erleben kann. Sein bevorzugter Aufenthaltsort sind die »freundlichen Weiten« jenseits der Objekte. In ihnen kann er die notwendigen Fähigkeiten erwerben, um die zerstörte Harmonie zwischen sich und der Umwelt vorübergehend wiederherzustellen.

Schon in dieser kurzen Beschreibung der *philobatischen*

Strategie können wir deutlich den Risikosucher erkennen. Anders als der Oknophile mit seiner *Bindungssehnsucht* fühlt er sich am wohlsten in der *Bindungslosigkeit*. Sein Bedürfnis nach Distanz ist angstmotiviert: Im Aufsuchen der Räume zwischen den Objekten wiederholt er das *Geburtstrauma* der Subjekt-Objekt-Trennung – Sicherheit und Geborgensein beim befristeten Aufenthalt in den freundlichen Weiten, Gefährdung und Bedrohung beim Auftauchen der Objekte. So ist der Skispringer in der Luft genauso sicher wie der Bergsteiger in der Wand oder der Taucher in der Tiefe des Meeres. Gefahr droht erst bei der Begegnung mit den Objekten: der Springer muß landen, der Bergsteiger die Wand verlassen und der Taucher an die Wasseroberfläche zurückkehren. Diese Wiederholung des Geburtstraumas – das Aufsuchen des glücklichen Primärzustandes in den »freundlichen Weiten« und die darauffolgende Bewältigung der Widerstände, die einem die Welt entgegenbringt – ist Versicherung dessen, daß die inzwischen erworbenen Fähigkeiten ausreichen, um auch künftige Schwierigkeiten meistern zu können.

Balints Deutung von Risikoverhalten – er prägte in diesem Zusammenhang auch den Begriff der *Angstlust*, der dem Titel dieses Buches Pate stand – läßt eine enge Verbindung zu unserer verhaltenstheoretischen Interpretation erkennen. Der Risikosucher setzt sich immer wieder der Angst aus, um sich die Gewißheit zu holen, daß er auch unter neuerlich traumatischen Bedingungen überlebensfähig ist. Während die Verhaltenstheorie jedoch den Schwerpunkt auf das aktuelle Verhalten setzt und daher keine präzisen Aussagen über seine Entstehung machen kann, bemüht sich Balint über die Analyse des Geburtstraumas um eine differenziertere Erklärung. Bei der Frage, welche spezifischen Entwicklungsbedingungen – sei es bei der Geburt oder später – zu einem Übergewicht der philobatischen Strategie gegenüber der oknophilen führen könnten, muß er aber ebenfalls passen.

Sehr viel präziser äußert sich in dieser Frage auch Kohut nicht, dessen Modell wir im folgenden betrachten wollen. Allerdings benennt er zumindest eine konkrete Voraussetzung, die eine entsprechende Entwicklung begünstigen kann. Beginnen wir aber auch hier wieder mit der Auflösung des harmonischen Primärzustandes.

Nach Kohut reagiert das Kind auf die unausweichliche Erfahrung der Trennung zwischen »innen« und »außen«, also zwischen Subjekt und Umgebung, mit vorübergehenden Gefühlen von Ohnmacht und Hilflosigkeit. War der Primärzustand noch durch Harmonie und durch ein glückliches Geborgensein gekennzeichnet, so muß es nun erkennen, daß die Umwelt seine Wünsche und Bedürfnisse nicht nach Belieben befriedigt, sondern ihnen oftmals Widerstände entgegenbringt.

Um die daraus resultierenden Frustrationen besser bewältigen und die ursprüngliche Vollkommenheit bewahren zu können, entwickelt das Kind zwei Strategien beziehungsweise psychische Strukturen: Das *narzißtische* oder auch *grandiose Selbst* als Ausdruck der Eigenliebe – es entspricht in etwa dem Drang nach Autonomie und Unabhängigkeit in der philobatischen Strategie – sowie das »idealisierte Elternimago« als Äquivalent zur Klammerhaltung, wie sie für die oknophile Strategie kennzeichnend ist.

Durch die Ausbildung des narzißtischen Selbst schützt sich das Kind gegen alle Anfeindungen, die ihm von der Umwelt entgegengebracht werden. Es ist in seiner Vorstellung mit enormen Fähigkeiten ausgestattet und dadurch in der Lage, sich sämtliche positiven Aspekte des Erlebens selbst zuzuschreiben. Allmachtphantasien und Gefühle von Vollkommenheit, die in dieser Phase stark in den Vordergrund treten, sind Ausdruck seines ungebrochenen Verhältnisses zu sich und zu seinen Fähigkeiten.

Das idealisierte Elternimago hingegen sorgt dafür, daß die Eltern beziehungsweise die primären Bezugspersonen mit unbeschränkter Machtfülle versehen werden. Sie sind somit in der Lage, seine sämtlichen Bedürfnisse zu befriedigen und für sein Wohlgefühl zu sorgen. Auf diese Weise schafft sich das Kind einen Zustand, der der ursprünglichen Sicherheit und Vollkommenheit wieder entspricht – der Verschränkung mit einer alles gewährenden Umwelt.

Beide Strukturen werden im Lauf der weiteren psychischen Entwicklung, etwa in der mittleren Kindheit, aufgelöst und in die reifende Persönlichkeit integriert. Die Enttäuschungen, die die idealisierten Eltern dem Kind zwangsläufig immer wieder bereiten müssen, und die beginnende Einsicht in die Begrenztheit der eigenen Möglichkeiten sorgen dafür, daß das heranwachsende Kind lernt, seine Erwartungen der Realität anzupassen.

Wenn jedoch – und damit wird das Thema »Risikoverhalten« wieder konkreter – Teile des Narzißmus, also der Eigenliebe, und damit die ursprünglichen Größenphantasien aufgrund bestimmter störender Einflüsse während der Entwicklung erhalten bleiben, geht daraus eine fortdauernde Überschätzung der eigenen Möglichkeiten hervor. Diese äußert sich beispielsweise bei vielen Menschen darin, daß sie überempfindlich und besonders leicht zu kränken sind. Sie neigen dazu, immer und überall, hinter jeder noch so harmlosen Bemerkung, einen Angriff zu vermuten.

Die Überschätzung der eigenen Person kann aber noch andere Konsequenzen haben. Nach Kohuts Ansicht ist sie der entscheidende Grund dafür, daß sich manche Menschen ohne zwingenden Grund auf waghalsige Abenteuer einlassen und die Auseinandersetzung mit der Gefahr suchen. Es ist ihr unvermindert aktives Größen-Selbst, das sie dazu antreibt, sich immer wieder ihrer Einzigartigkeit und Großartigkeit zu versichern.

Risikoverhalten trägt Kohuts Sichtweise zufolge deutlich neurotische Züge. Sein Ziel ist es, bestimmte Aspekte der Realität zu verleugnen, nämlich die Begrenztheit der eigenen Fähigkeiten und die Verletzbarkeit der Person. Durch die Bewältigung äußerer Gefahren soll die eigene Unverwundbarkeit immer wieder unter Beweis gestellt werden. Gleichzeitig jedoch verhindert die fortwährende Wiederholung der Konfrontation mit äußeren Gefahren eine angemessene Auseinandersetzung mit den inneren Ängsten.

Worauf sich diese Ängste konkret beziehen, läßt sich nicht generell sagen. Die Voraussetzung hingegen, die eine derartige Störung in der Entwicklung realitätsangemessener Ansprüche bedingt, wird von Kohut spezifiziert: Es ist das tatsächliche oder auch nur so empfundene Fehlen des gleichgeschlechtlichen Elternteils (oder einer anderen gleichgeschlechtlichen Bezugsperson), das die kindlichen Größenphantasien in einer bestimmten Phase der Entwicklung auf ein alters- und entwicklungsgerechtes Niveau reduzieren sollte.

Wer bisher der Meinung war, Risikosucher seien normale, gesunde Menschen, kann sich nach der Beschäftigung mit verhaltenstheoretischen und psychoanalytischen Theorien zu Risikoverhalten nicht mehr ganz so sicher sein.

Als Leitmotiv von Risikoverhalten erscheint durchgängig die Angstbewältigung. Während es in Balints Modell um die Bewältigung des Geburtstraumas geht und um die Versicherung der eigenen Fähigkeiten im Umgang mit zukünftigen Bedrohungen, steht bei Kohut ein kindliches Trauma im Mittelpunkt, das zum Zeitpunkt seiner Entstehung nicht angemessen bearbeitet werden konnte. Ursache hierfür ist das Fehlen einer gleichgeschlechtlichen Bezugsperson, die die Erwartungen und Einstellungen des Kindes sich selbst und seinen Fähigkeiten gegenüber auf ein realitätsangemessenes Maß reduzieren sollte. So muß sich der Risikosucher, angetrieben von seiner kindlichen Eigenliebe, immer wieder seiner Großartigkeit und Unversehrbarkeit versichern. Risikoverhalten erscheint also in diesem Ansatz keineswegs als normal, sondern im Gegenteil als neurotisch.

Ganz so weit geht die verhaltenstheoretische Sicht von Risikoverhalten nicht. Zwar steht auch hier die Bewältigung von Angst im Vordergrund, doch bleiben das Wesen und die Ursachen der zugrundeliegenden Angst im dunkeln. Risikoverhalten stellt sich lediglich als eine aktive Vermeidungsreaktion dar, die darauf abzielt, Fähigkeiten zur Bewältigung von Ängsten jeglichen Inhalts und Ursprungs zu entwickeln.

Unter welchen Umständen gerade Risikoverhalten zur Angstbewältigung gewählt wird, oder worauf eine Überbetonung der philobatischen Strategie gegenüber der oknophilen zurückzuführen ist, darüber erfahren wir nichts. Wenn wir nicht davon ausgehen, daß genetische Faktoren dabei eine Rolle spielen, sondern frühe Lernerfahrungen, dann drängt sich die Frage auf, welche Entwicklungsbedingungen dafür verantwortlich sein könnten. Hier deutet sich möglicherweise sowohl eine Verknüpfung mit aktivationstheoretischen als auch mit entwicklungspsychologischen Überlegungen an. Ob dies tatsächlich der Fall ist, darüber wollen wir uns noch Gedanken machen.

En casa, am 15. August 1992 (02.00 Uhr morgens)

Zu technischen Dingen hatte ich schon immer eine starke Affinität. Als dreijähriger Knirps war es die Uhr meines Vaters, an der ich mich erfolgreich versuchte. Später folgten Modelleisenbahnen, Fahrräder, alle möglichen elektrischen Geräte, Mopeds und schließlich Autos. Auch sie habe ich in ihre Einzelteile zerlegt und – man glaubt es nicht – in den meisten Fällen auch wieder ganz gut zusammengekriegt.

Fragen Sie jetzt nicht, weshalb ich Ihnen all dies erzähle! Ich will damit sagen, daß ich wirklich nichts gegen die Technik habe. Im Gegenteil! Sie beschert auch einem Psychologen ab und zu unmittelbare Erfolgserlebnisse. Da weiß man, was man hat. Also: Ich habe tatsächlich ein sehr positives Verhältnis allen technischen Dingen gegenüber. Allen – wirklich allen?

Nun ja, nicht ganz. Mit Computern habe ich bisweilen so meine Probleme. Ich schätze sie sehr, gewiß, weil sie die Arbeit ungemein erleichtern. Aber... ich verstehe sie nicht! Oder um noch konkreter zu werden: Ich verstehe nicht, weshalb mein vor sechs Wochen für gutes Geld fast neu erstandenes Notebook plötzlich nicht mehr will. Nach 79 Seiten!

Seit einigen Tagen hat mir der Computer beim Abspeichern schon immer mitgeteilt, daß er diese oder jene Spur nicht finden könne, ein allgemeiner Lesefehler vorläge, hat mich immer wieder gefragt, ob er den Vorgang wiederholen solle und irgendwann, Gott sei Dank, hat er die richtige Spur dann doch noch gefunden. Bis vor einer halben Stunde! Da nämlich hat er die Suche erfolglos aufgegeben. Wie es scheint endgültig.

Meinem unmittelbaren Impuls, ihn dem Meer anzuvertrauen, konnte ich gerade noch widerstehen. Hoffentlich bereue ich das morgen früh nicht. Aber als mit Umweltschutzgedanken vollgepfropfter Mitteleuropäer kann man das doch dem Atlantik nicht antun – ihn mit Computern verseuchen.

Mit meinen Autos war das auch immer so eine Sache. Sie haben mich ziemlich oft geärgert. Aber irgendwann habe ich den Fehler gefunden. Wie das möglich war? Ich habe sie verstanden. Und genau das ist der Unterschied: Computer verstehe ich nicht. Ich weiß nicht, was in ihnen vorgeht. Sie sind mir unheimlich. Es übersteigt mein Vorstellungsvermögen, daß so ein winziger Chip solche unglaublichen Datenmengen speichern und verarbeiten kann. Theoretisch – denn meiner kann's ja offenbar nicht.

Da sitze ich nun also mitten in der Nacht und überlege, wie es weitergehen soll. Ich werde wohl, wie weiland Johann Wolfgang persönlich, zur Feder greifen müssen. Bei diesem Gedanken wird mir ganz anders zumute. Haben Sie schon einmal Dutzende von Seiten, geschweige denn ein ganzes Buch, per Hand geschrieben? Vermutlich nicht. Mir steht diese umwerfend neue Erfahrung nun unmittelbar bevor. Ich liebe ja Abwechslung, Aufregung, Thrills... Aber so etwas? Ich weiß nicht. Die Nacht vergeht. Mit jedem Gedanken an diese Errungenschaft moderner Technologie steigt mein Adrenalinspiegel. Ich höre förmlich das Blut durch meine Adern rauschen. Gleich geht's los, schreien sich die roten und die weißen Blutkörperchen zu, macht euch bereit. Immunabwehr herunterschrauben, Blutgerinnungsfaktor erhöhen, mehr Sauerstoff und Zukker freisetzen, meldet sich die Befehlszentrale. Magen- und Darmtätigkeit einstellen, der muß jetzt nichts essen!

Stop, höre ich mich sagen, jetzt langt's aber. Wogegen soll ich denn kämpfen, vor wem fliehen? Nein, nein, das lassen wir lieber. Morgen ist auch noch ein Tag – und bestimmt ein wunderschöner...

Auf unserer Suche nach den Ursachen von Risikoverhalten haben wir uns bisher nur mit der Person des Risikosuchers befaßt. Die Welt, in der er lebt, in der er seiner Leidenschaft frönt, haben wir noch ausgespart. Das wollen wir jetzt nachholen.

Risikoverhalten wird fast ausschließlich von Angehörigen der sogenannten westlichen Welt ausgeübt, oder noch genauer, von Menschen, die auf der nördlichen Erdhalbkugel leben. Dieser Teil der Erde ist, wie kein anderer, mit all den Vorzügen moderner Arbeits- und Lebensweisen des ausgehenden 20. Jahrhunderts ausgestattet. Materieller Wohlstand, Nahrungsmittel in Hülle und Fülle und ein immens hoher Lebensstandard kennzeichnen ihn.

Aber nicht nur das. Zu den hervorragendsten Errungenschaften westlicher Industriegesellschaften zählen auch ihre umfassenden Sicherungssysteme. Neben allen möglichen Formen von Altersvorsorge-, Renten- und Sozialversicherungen wird das Leben durch eine Vielzahl zusätzlicher Notsysteme gegen annähernd jede Eventualität geschützt, die man sich nur vorstellen kann. So leben die Menschen hier wie unter einer Käseglocke und müssen, speziell in Mitteleuropa, noch nicht einmal die in anderen Teilen der Erde so unwägbare Natur als potentiellen Feind fürchten.

Und wie sieht es in der restlichen Welt aus? Ziemlich deprimierend. Noch immer ist der überwiegende Teil der Menschheit fast ausschließlich damit beschäftigt, sein Überleben zu sichern. In Afrika und in weiten Teilen Asiens und Südamerikas fordern Hungersnöte, Seuchen und Naturkatastrophen Jahr für Jahr Millionen von Opfern. Der Kampf ums nackte Dasein bestimmt den Alltag.

Ziehen wir ein kurzes Resümee: Während der größte Teil der Menschheit tagtäglich im unmittelbaren Überlebenskampf steht, lebt eine Minorität in den reichen Industrieländern in Saus und Braus, hat keinerlei Existenznöte, keinen Grund, sich vor irgend etwas zu ängstigen – und findet gleichzeitig Gefallen an allen möglichen Freizeitvergnügungen, wenn sie denn nur Angst erzeugen – vom kleinen Thrill beim Krimi oder am Steuer eines schnellen Autos bis hin zur Panik beim Bungee-Springen oder beim Wildwasser-Rafting. Wie soll das zusammenpassen? Sind die Menschen im Norden und im Süden wirklich so unterschiedlich?

Das vermutlich nicht. Aber vielleicht gibt es einen Zusammenhang zwischen den Lebensbedingungen und dem Umgang mit Angst. Wenn wir davon einmal hypothetisch ausgehen wollen, sollten wir uns überlegen, welches die Gründe sein könnten für das Nord-Süd-Gefälle in der Bereitschaft, sich unnötigen Gefahren auszusetzen.

Wir wissen, daß Angst die Menschheit während ihrer gesamten Entwicklung begleitet hat, und wir können annehmen, daß diese Angst nicht nur eine ungeliebte Nebenerscheinung dieser Entwicklung war, sondern daß sie sie erst ermöglicht hat. Angst zwingt uns, im täglichen Leben wie in der Extremsituation, zu Vorsicht, Aufmerksamkeit und Konzentration. Und sie sorgt dafür, wie wir aus der Streßforschung wissen, daß wir in Gefahrensituationen auf unsere Energiereserven zurückgreifen und damit unsere Überlebenschancen verbessern können. Angst ist, so können wir feststellen, eine notwendige Voraussetzung für jede Form höheren Lebens.

In der westlichen Welt sind wir heute, vielleicht zum erstenmal seit Bestehen der Menschheit, in der glücklichen Situation, relativ angstfrei leben zu können. Gewiß, auch bei uns gibt es Angst: Angst vor Krieg, vor Radioaktivität, vor Umweltverschmutzung, vor dem Ozonloch usw. Ironischerweise spricht sogar vieles dafür, daß diese Ängste mehr als begründet sind und daß die Menschheit in ihrer Gesamtheit dem Untergang noch nie so nahe war. Das wissen wir. Verglichen mit den Menschen, die in Kriegsgebieten leben, von Erdbeben, Überschwemmungen oder von Hungersnot bedroht sind, spielt die Angst bei uns aber eine eher untergeordnete Rolle. Vielleicht sogar eine zu geringe?

Wenn Angst nämlich, wie wir annehmen, eine solch wichtige Funktion für das Leben höherer Organismen hat, dann fragt sich, welche längerfristigen Konsequenzen das Fehlen von Angst haben könnte. Sind wir in solchen Zeiten etwa dem Untergang geweiht, weil die Fähigkeiten, die das Überleben sichern sollen, langsam verkümmern? Oder hält der Organismus für diesen Fall vielleicht spezielle Notfalleinrichtungen als Selbstschutz bereit? Möglicherweise kann er sogar ein Bedürfnis nach Angst erzeugen, um über die Konfrontation mit Angst seine Reaktionsbereitschaft für Zeiten echter Gefährdung zu trainieren. Zugegeben, eine gewagte Vermutung! Wir wollen uns aber dennoch überlegen, wie so etwas aussehen könnte.

Menschen sind zwar im allgemeinen vernunftbegabte Wesen, das heißt aber nicht, daß ihr Verhalten ausschließlich rational organisiert ist. Instinktverhalten ist nämlich nicht nur den niedrigen Tieren vorbehalten. Auch Menschen haben einige Instinkte über Hunderttausende von Jahren während ihrer stammesgeschichtlichen Entwicklung bis in unsere Tage hinüberretten können. Typische Beispiele für *Instinkthandlungen* sind die Nahrungsaufnahme und das Geschlechtsleben.

Was genau sind nun Instinkte? Unter einem Instinkt versteht man eine in der biologischen Grundausstattung des Organismus enthaltene Reaktionsbereitschaft für bestimmte Verhaltensweisen, die ohne den Einsatz von Intelligenz oder Willen zustande kommen. Dies klingt zunächst noch etwas abstrakt. Was damit gemeint ist, wird uns aber klarer, wenn wir uns den typischen Verlauf von Instinkthandlungen genauer ansehen.

Instinkthandlungen beginnen damit, daß ein Trieb, beispielsweise der Sexualtrieb, eine bestimmte Stärke erreicht und die Umgebung nach einem geeigneten Reiz zur Befriedigung des

Triebes abgesucht wird. Diese erste Phase der Instinkthandlung bezeichnet man als *ungerichtetes Appetenzverhalten*. Ist ein geeigneter Reiz gefunden, etwa ein möglicher Sexualpartner, schließt sich das *gerichtete Appetenzverhalten* an, das in der Annäherung an das Objekt oder den Auslöser besteht. Das Balzverhalten mancher Tierarten wäre ein typisches Beispiel für diese Phase der Instinkthandlung. Ist das gerichete Appetenzverhalten erfolgreich, kommt es in der abschließenden Endhandlung zur eigentlichen Triebbefriedigung, also im Falle des Sexualtriebes zum Geschlechtsakt.

Versuchen wir uns den gesamten Ablauf der Instinkthandlung noch an einem anderen Beispiel zu verdeutlichen. Stellen Sie sich vor, Sie kommen nach einem harten Arbeitstag nach Hause und verspüren, nachdem Sie sich etwas entspannt haben, Hungergefühle. Werden Sie die einfach ignorieren? Wahrscheinlich nicht! Es sei denn, Sie haben sich gerade am Morgen zu einer einwöchigen Fastenkur entschlossen und möchten wenigstens den ersten Tag durchstehen. Gehen wir aber vom Normalfall aus und nehmen an, daß Sie sich gleich auf die Suche nach einem geeigneten Antriebsziel machen, nämlich nach Nahrung. Mitten in dieser Phase des ungerichteten Appetenzverhaltens fällt ihnen dann plötzlich ein: Da muß doch noch ein Rest dieser fantastischen Pesto-Sauce im Kühlschrank sein. Also: gerichtetes Appetenzverhalten zeigen und Spaghetti kochen. Endlich ist es soweit, die Spaghetti al Pesto sind fertig. Sie kommen zur Instinktendhandlung – und essen. Guten Appetit!

Instinkthandlungen sind einerseits abhängig von der Antriebsstärke und andererseits von der Stärke des Auslösers. Bei geringem Antrieb bedarf es eines sehr starken Reizes, um die Instinkthandlung auszulösen, und vice versa eines schwachen Reizes bei starkem Antrieb oder starker instinktspezifischer Bereitschaft. Auf unser Beispiel übertragen bedeutet das, daß Sie kurz vor dem Verhungern auch mit einem Stück trockenen

Brot vorliebgenommen hätten, während es bei normalen Hungergefühlen schon die Pesto-Sauce sein mußte, um Sie zu verführen.

Wir wissen nun, wie Instinktverhalten typischerweise verläuft und wir vermuten mit *Leyhausen*, der diese Hypothese formuliert hat, daß es auch für das Erleben von Angst eine instinktspezifische Bereitschaft gibt.

In Zeiten oder in Regionen, in denen Gefahren zum Alltag gehören – denken Sie etwa an einen Krieg oder an die Lebensbedingungen in vielen Ländern der sogenannten dritten Welt – findet, entsprechend dem normalen Verlauf von Instinkthandlungen, eine ausreichende Befriedigung des Angsttriebes statt. Bei zunehmendem Mangel an echten Gefahren kommt es jedoch zu einem Anstieg der Angstbereitschaft. Je stärker der Angsttrieb wird, desto schwächer kann, wie wir bereits festgestellt haben, das Antriebsziel sein, das die Instinktendhandlung auszulösen imstande ist.

Unter den relativ gefahrlosen Bedingungen, wie wir sie heute in den westlichen Industriegesellschaften vorfinden, genügen dann bereits sehr schwache Reize zum Auslösen von Angstreaktionen. Im Extremfall, wenn also geeignete Antriebsziele gänzlich fehlen und die instinktspezifische Bereitschaft gleichzeitig immer mehr anwächst, kommt es irgendwann zur sogenannten *Leerlaufhandlung*: die Instinkthandlung läuft ohne Auslösereiz ab.

Eine solche Leerlaufhandlung des Angsttriebes könnte etwa beim Angstneurotiker vorliegen. Angstneurotiker sind Menschen, die ohne einen offensichtlichen Anlaß ständig unter Angst leiden. Interessant und in gewisser Weise eine Bestätigung der Annahme einer *instinktspezifischen Angstbereitschaft* ist, daß immer wieder Fälle von Angstneurotikern bekannt wurden, die in Zeiten existentieller Gefahr, etwa im Krieg, völlig symptomfrei waren und erst nachdem sie die Gefahren überstanden hatten, wieder unangemessene Ängste entwickelten. Die Ursache hierfür ist unseren Annahmen zufolge, daß diese Angstneurotiker in echten Gefahrensituationen Gelegenheit zur adäquaten Abreaktion hatten, während ihre Angstbereitschaft in gefahrlosen Zeiten wieder so stark anstieg, daß es, in Ermangelung tatsächlicher Gefahren, zu Leerlaufhandlungen, also zu Angst ohne angemessenen Auslöser kam.

Wir können davon ausgehen, daß die instinktspezifische Angstbereitschaft, wie alle anderen Instinkte auch, individuell unterschiedlich ist. Neben genetischen Einflüssen dürften an ihrer Ausprägung auch die persönlichen Erfahrungen beteiligt sein, die der einzelne im Lauf seines Lebens macht. Welche konkreten Bedingungen welche Auswirkungen haben, soll uns nicht weiter interessieren. Was wir aber hinsichtlich des Ergebnisses vermuten können, ist, daß der Angsttrieb auch Extremwerte annehmen kann.

Ein Beispiel für solch eine extreme Ausprägung haben wir bereits kennengelernt: den Angstneurotiker mit seiner hohen Angstbereitschaft. Risikosucher könnten das andere Extrem darstellen. Ihre Angstbereitschaft wäre dementsprechend niedrig; und um das zu erleben, was sich bei Angstneurotikern gänzlich ohne Gefahren einstellt, benötigten sie sehr starke Reize. Wirkliche Angst zu empfinden und damit ihren Angsttrieb zu befriedigen, wären sie also erst in der Lage, wenn sie es mit extremen Reizen, sprich: massiven Gefahren, zu tun hätten, sie sich zum Beispiel in Situationen begeben würden, in denen ihr Leben existentiell gefährdet ist.

Was bedeuten nun diese Überlegungen für unsere Ausgangsfragen? Zunächst einmal haben wir erwartungsgemäß nach wie vor keine Anhaltspunkte dafür, daß Menschen im Norden gänzlich und grundlegend anders mit Angst umgehen als Menschen, die auf der Südhalbkugel leben. Worin sie sich allerdings wesentlich unterscheiden, das sind die Gefahren und existentiellen Bedrohungen, mit denen sie es täglich zu tun haben. Und eben diese könnten die Ursache für die feststellbaren Differenzen sein in der Tendenz, sich unnötig in Gefahr zu begeben.

Wenn wir davon ausgehen, daß Menschen – und möglicherweise auch andere höher entwickelte Lebewesen – tatsächlich ein instinktives Verlangen nach Angst haben, dann stellt sich die Suche nach Risiken als ein Verhalten dar, dessen unmittelbares Ziel es ist, Angst zu erleben. Risikosucher wären demnach Menschen mit einer niedrigen instinktspezifischen Angstbereitschaft, die aufgrund des Mangels an echten Gefahren in ihrer natürlichen Lebenssituation zu extremeren Mitteln und damit zu stärkeren Reizen als ihre Mitmenschen greifen müssen, um ihren Angsttrieb zu befriedigen. Der tiefere Sinn der Suche nach Angsterlebnissen – und dies träfe auf alle Menschen zu allen Zeiten zu, also auch auf den Lyriker Georg Heym, den wir am Anfang zitiert haben – könnte darin bestehen, die Reaktionsbereitschaft des Organismus durch die Begegnung mit existentellen Gefahren zu trainieren und auf zukünftige Gefahren vorzubereiten.

Die Neigung moderner Industriegesellschaften, unnötige Risiken so weit wie möglich auszuschalten, würde damit ad absurdum geführt: In dem Maß, in dem die Vorbeugung und Verhütung von Gefahren perfektioniert, das Leben des einzelnen immer mehr geschützt und abgesichert wird, wächst gleichzeitig auch das Bedürfnis nach Angsterleben. Risikosucher stellen mit ihrem Verhalten nur eine von mehreren Varianten dar. Alle möglichen anderen Formen, sich Aufregung und Thrill zu verschaffen, könnten demselben Ziel dienen: durch das Erleben von Spannung und Angst – und sei es auch nur stellvertretend – die Reaktionsbereitschaft des Organismus als Schutz gegen echte Gefahren zu erhalten.

Mößling, am 12. Mai 1982

»Gert hat die Tendenz, zu früh zu ziehen (Strato-Gert)«, wird Peter heute abend in mein Sprungbuch schreiben.

Ich habe inzwischen 24 Sprünge hinter mir und gelte im Verein als Angsthase. Alle Versuche, mich dazu zu bewegen, wenigstens fünf Sekunden frei zu fallen, sind bisher fehlgeschlagen.

In der Annahme, daß mir eine größere Absprunghöhe mehr Sicherheit geben würde – weil ich dann ja ausreichend Zeit zum Ziehen hätte – hat man mich bis auf 2000 Meter hinaufgebracht. Aber alles vergeblich. Kaum dem relativ sicheren Boden der Do 27 entschwunden, zwang mich eine unwiderstehliche Kraft, dem freien Fall ein jähes Ende zu bereiten. Und dann der Spott! Man stelle sich vor: eine Rundkappe in fast zweitausend Meter Höhe. Wo es doch in Fallschirmspringerkreisen als unschicklich gilt, höher als 1000 Meter zu ziehen. Na ja, der Jubel bei meinen Landungen war immer unbeschreiblich.

Auch die Empfehlung, doch einfach bis 10 zu zählen und dann erst auszulösen, brachte nicht den erwünschten Erfolg. Mein Gott, wie schnell ich zählen kann! Spätestens zwei Sekunden nach dem Absprung hatte ich wieder den Griff in der Hand, was mir durchaus wohlgesonnene Beobachter der Szene zu der Bemerkung verleitete, ich habe meinen Aufziehgriff wohl sicherheitshalber dem Piloten in die Hand gedrückt.

Auch dieser Sprungtag bringt nichts Neues! Unmittelbar vor jedem meiner drei Sprünge bin ich absolut sicher, den Schirm frühestens fünf Sekunden nach dem Absprung auszulösen. Kaum in der Luft – mit jeder Faser meines Körpers spürend, daß dieses Medium keine Balken hat – taste ich wieder instinktiv nach dem Aufziehgriff, bin beruhigt, wenn ich ihn finde... und dann enttäuscht, daß ich wieder versagt habe!

Was könnte mir nicht alles passieren! Ich könnte ohnmächtig werden, ich könnte das Ziehen vergessen, ich könnte mit jemandem zusammenstoßen (mit wem wohl?!)... ich könnte, ich könnte, ich könnte... ich könnte die Kontrolle verlieren.

Eine nicht ganz neue Erkenntnis, zugegeben. Angst vor Kontrollverlust war schon immer mein Thema gewesen. So hautnah, direkt und unmißverständlich habe ich sie allerdings nie zuvor erlebt.

Auf der Heimfahrt bin ich unzufrieden, zerknirscht, frustriert, habe keine Idee, wie es weitergehen soll. Ich spüre den wachsenden sozialen Druck und empfinde mein Versagen doppelt: vor mir selbst und vor den anderen!

Warum, verdammt noch mal, tue ich mir all das an? Die Aufregung, wenn es auf ein Sprungwochenende zugeht, das Herzrasen am Freitagabend, die bleierne Schwere auf der Fahrt nach Mößling und dann die Eskalation all dessen unmittelbar vor jedem Sprung. Und in den letzten Wochen auch noch die Häme und der Spott der anderen!

Entwicklung, körperliche Erregung und Angstbewältigung – ein vorläufiges Fazit

Was ist stark genug, um mit der Angst in Risikosituationen zu konkurrieren? Sie erinnern sich, dies war die Frage, von der wir bei unseren Überlegungen ausgegangen waren.

Ist es ihr hohes persönliches Aktivationsniveau, das Risikosucher dazu antreibt, intensive Reize aufzusuchen, um auf diese Weise in den Bereich angenehmer Erregung zu gelangen? Haben etwa die Psychoanalytiker recht mit ihrer Annahme, daß Risikosucher von den Restbeständen ihrer kindlichen Größenphantasien getrieben werden, sich immer wieder ihrer Einzigartigkeit und Unverletzbarkeit zu versichern? Oder die Verhaltenstheoretiker, die in Risikoverhalten den Versuch sehen, Angst generell zu überwinden? Oder ist Risikoverhalten Ergebnis und gleichzeitig Ziel einer Instinkthandlung, deren Sinn darin bestehen könnte, die Überlebensfähigkeit des Organismus in angstfreien Zeiten zu trainieren?

Wir wissen es nicht. Wir können nur feststellen: Jede der Theorien, mit denen wir uns befaßt haben, besitzt fraglos eine gewisse Plausibilität. Und vor allem: Jede beleuchtet einen anderen Aspekt desselben Phänomens. Ist es einmal die Reaktion des Organismus auf starke Reize, so ist es ein anderes Mal die Verarbeitung von Ängsten und deren Folgen und schließlich noch ein angeborenes Verhaltensschema als Antwort auf Mangelerscheinungen. Keine Frage! Sie alle könnten recht haben – jede auf ihre Weise.

Sonderlich befriedigend ist dieses Ergebnis nicht. Eigentlich waren wir ja angetreten, um die Ursachen von Risikoverhalten eindeutig zu klären. Vielleicht gelingt es uns aber trotzdem noch, etwas Licht ins Dunkel bringen. Wir werden als nächstes überprüfen, wo die einzelnen Theorien Berührungspunkte haben, ob sie sich sogar gegenseitig ergänzen und wie gegebenenfalls Lücken zwischen ihnen zu füllen sind.

Auf der psychologischen Erklärungsebene wird Risikoverhalten durchwegs als Versuch begriffen, Angst zu überwinden. Und wahrscheinlich spielt dieses Motiv bei vielen Risikosuchern eine wichtige Rolle. Ob es sich bei den zugrundeliegenden Ängsten allerdings um neurotische Ängste handeln muß, wie vor allem Vertreter der Psychoanalyse annehmen – also um seelische Abweichungen von der Norm, die ihren Ursprung in einer fehlgeleiteten Entwicklung in der Kindheit haben – erscheint zweifelhaft. Ebenso gut vorstellbar ist, daß diese Ängste normal und situationsangemessen sind und daß sie etwas mit der menschlichen Existenz an sich zu tun haben. Weshalb sie gerade durch Risikoverhalten mobilisiert werden könnten, damit wollen wir uns als erstes beschäftigen.

Risikoverhalten bedeutet grundsätzlich, Situationen mit einem hohen Aktivierungspotential aufzusuchen und damit den Organismus sehr stark anzuregen. Aus der Forschung wissen wir, daß unsere Befindlichkeit in Streßsituationen direkt abhängig ist von den Chancen, die wir uns einräumen, eine Anforderung bewältigen zu können.

Wohlgefühl stellt sich demnach ein, wenn wir meinen, mit der Situation zurechtkommen zu können, und Unbehagen oder sogar Angst, wenn wir ein Scheitern für wahrscheinlich halten.

Nun könnte man annehmen, daß im Lauf der Gewöhnung an eine stark angstauslösende Situation nicht nur eine Veränderung des Empfindens in Richtung auf mehr Genuß stattfindet, sondern damit verbunden auch eine Reduktion der körperlichen Erregung auf das normale Niveau. Daß dies jedoch nicht der Fall ist, haben wir bereits festgestellt. Zumindest von Fallschirmspringern wissen wir, daß sie den Sprung zwar nach und nach zu genießen lernen, ihr Organismus aber auch nach Hunderten von Versuchen noch stark aktiviert wird. Der Organismus scheint, diesen Schluß können wir ziehen, bei bestimmten Angstreizen auch unabhängig von einer positiven Einschätzung der Bewältigungschancen die Aktivierung nach dem Grundmuster von Streßreaktionen zu vollziehen.

Warum dies so ist, darüber können wir nur Spekulationen anstellen. Wenn wir aber davon ausgehen, daß Risikoaktivitäten generell dadurch charakterisiert sind, daß sie den Versuch darstellen, sich jenen Grenzen anzunähern – beziehungsweise diese sogar zu überwinden –, die die Anatomie den Fähigkeiten des Menschen setzt, so kommen wir dem entscheidenden Punkt möglicherweise ein Stück näher. Wir haben es dann in Risikosituationen mit Ängsten zu tun, die wir allgemein als Grundängste bezeichnen können. Aktualisiert werden diese Grundängste also immer dann, wenn wir damit konfrontiert sind, daß der Mensch nicht zum Fliegen geeignet ist, daß er sich ohne Hilfsmittel nur mit einer sehr geringen Geschwindigkeit fortbewegen kann, daß er nicht in der Lage ist, unter Wasser zu atmen usw. Was uns in den Situationen Angst macht, in denen wir an die Grenzen der menschlichen Leistungsfähigkeit geraten, ist das Erkennen unserer Unvollkommenheit. Und dieses Erkennen hat in jedem von uns eine Vorgeschichte.

Daß uns Grenzen gesetzt sind, haben wir im Laufe unserer Entwicklung immer wieder erfahren müssen. All unseren Bestrebungen, die Welt zu verstehen und sie uns untertan zu machen, war in letzter Konsequenz nur ein Teilerfolg beschieden. Wir haben uns auf unserem langen Weg – jeder einzelne wie auch die gesamte Spezies – zwar viel Wissen angeeignet und sind in der Lage, unser Leben relativ angstfrei zu gestalten. Ein Rest an Angst ist aber aus der Zeit der ersten Begegnungen mit ihr geblieben. Nicht etwa, weil wir die Grenzen unseres Erkenntnisvermögens, ja unserer gesamten Existenz, nicht akzeptieren könnten oder wollten, sondern weil wir die Angst als Motiv und Antrieb für unsere Entwicklung brauchen. Insofern können wir sagen, daß unser Leben durch seine Begrenztheit und der aus ihrem Erkennen resultierenden Grundangst primär angstbestimmt ist.

Wenn also Angstbewältigung tatsächlich ein zentrales Motiv für Risikoverhalten darstellen sollte, dann vermutlich viel eher im Sinn einer Auseinandersetzung mit Angst generell. Damit wollen wir keineswegs ausdrücken, daß Risikosucher nicht auch von neurotischen Ängsten geplagt oder von ihren kindlichen Größenphantasien getrieben sein könnten. Warum auch nicht! Mit derartigen Problemen haben gerade in unserer Zeit so viele Menschen zu tun und mit Sicherheit auch einige Risikosucher. Viel wichtiger aber erscheint uns die Frage, was sich Risikosucher von der Auseinandersetzung mit der Angst erwarten. Wir meinen, daß es ihnen in erster Linie darum geht, die Konsequenzen der Angst zu überwinden. Oder besser: die Angst vor der Angst. Und wie dies unter Einbeziehung psychologischer und aktivationstheoretischer Erwägungen aussehen, welche Verarbeitungsmuster dabei zum Tragen kommen könnten, wollen wir uns nun überlegen.

Wie wir aus der Streßforschung wissen, ist die optimale Leistungsfähigkeit an ein mittleres Aktivationsniveau gebunden. Übererregung hingegen, wie sie in Streßsituationen ausgelöst wird, läßt das Leistungsvermögen sinken. Diesen Zusammenhang haben wir alle schon zigmal am eigenen Leib erfahren müssen: die versiebte Schularbeit bei Übernervosität, die zitternden Hände, gerade dann, wenn wir besonders ruhig wirken möchten, der trockene Mund beim Vortrag vor wichtigen Personen, usw. All diese Erfahrungen konfrontieren uns immer wieder mit unseren Unzulänglichkeiten, unseren Schwächen und natürlich mit unserer Angst. Dabei ist es doch eigentlich die Nervosität, die uns »versagen« läßt. Wenn wir doch nur in der Lage wären, unser Leistungsvermögen trotz Herzklopfen und Schweißausbrüchen zu entfalten!

Einen Ausweg aus dieser Misere verspricht das Training der Leistungsfähigkeit unter Belastungsbedingungen. Sich zu beweisen, daß man selbst in Extremsituationen einen kühlen

Kopf und die Kontrolle behalten, reaktionsschnell und sicher genau das tun kann, was erforderlich ist, läßt einen, wenn nicht die alten Ängste vergessen, so zumindest mit mehr Vertrauen in die Zukunft blicken und hoffen, daß man dann in der Lage ist, kritische Belastungssituationen, wie auch immer sie geartet sein mögen, besser zu meistern als in der Vergangenheit.

Und dies könnte in Grenzen ja auch möglich sein. Denn eine Reduktion der Erregung findet im Lauf der Gewöhnung an die Risikosituation in jedem Fall statt.

Zwar nicht in dem Ausmaß, das sich der Risikosucher erhofft, aber zumindest so weit, daß er sich nicht mehr ausschließlich mit den körperlichen Begleiterscheinungen seiner Angst auseinandersetzen muß.

Mindestens ebenso wichtig dürfte aber noch ein zweiter Aspekt sein. Wenn wir bisher angenommen haben, daß das persönliche Aktivationsniveau, also das Ausmaß an Erregung, in dem wir uns am wohlsten fühlen und auch am leistungsfähigsten sind, einen relativ eng umschriebenen Bereich darstellt, so trifft dies vermutlich zwar auf die Mehrzahl der Menschen zu, möglicherweise aber nicht auf alle. Es ist vorstellbar, daß dieser Bereich der optimalen Aktivierung bei manchen Menschen wesentlich breiter ausgelegt ist als bei anderen. Sie fühlen sich demzufolge nicht nur bei mittlerer Erregung wohl, sondern auch in einem höheren Aktivierungszustand. Diese Unterschiede in der Breite des Aktivierungsbandes könnten sowohl genetisch bedingt sein, als auch auf einschlägige Lernerfahrungen zurückzuführen sein.

Für Risikosucher ergäben sich daraus zumindest zwei Möglichkeiten: Sie könnten Extremsituationen aufsuchen, weil sie die angeborene und mit bestimmten Merkmalen der Reizverarbeitung im zentralen Nervensystem zusammenhängende Fähigkeit besitzen, auch unter starker Erregung ihr Leistungsvermögen zu entfalten. Auf diese Weise gelangen sie in den Genuß höherer Aktivierung und versichern sich aber auch gleichzeitig immer wieder ihrer Kompetenzen und Fähigkeiten im Umgang mit Belastungen.

Dasselbe Ziel könnten auch andere Risikosucher verfolgen, allerdings mit dem Unterschied, daß sie die nötigen Voraussetzungen für eine Steigerung ihrer Leistungsfähigkeit unter extremer Belastung erst erwerben müssen.

Dabei kommt ihnen zugute, daß sich ihre Bewertung der Risikosituation und deren Bewältigungsmöglichkeiten mit zunehmender Erfahrung und mit dem Erwerb der dazu nötigen Fähigkeiten verändert. Steht der Beginn etwa einer Fallschirmspringer-Karriere sehr oft unter dem Eindruck des fast ohnmächtigen Aushaltens und Durchstehens von Angst, so erleben sich Springer mit zunehmender Gewöhnung an die Situation als immer kompetenter, in das Geschehen aktiv einzugreifen. Sie machen damit genau die Erfahrung, die ihnen vielleicht in vielen Alltagssituationen verwehrt war: in einer extremen Streßsituation die hohe körperliche Erregung zu spüren, und dennoch in der Lage zu sein, die Kontrolle zu behaupten und im entscheidenden Augenblick das Richtige zu tun.

Die Veränderung der Bewertung hat also, unseren Annahmen zufolge, nicht nur Konsequenzen für die Höhe der Aktivierung, sondern auch für die Leistungsfähigkeit. Und unter dem Aspekt des Erwerbs und der Verbesserung von Fähigkeiten unter Belastungsbedingungen betrachtet, ergibt sich eine enge Verbindung zwischen der verhaltenstheoretischen Interpretation und der These von der Instinkthandlung. Beiden Sichtweisen zufolge dient Risikoverhalten dazu, uns für zukünftige Gefahren zu wappnen und fitter zu machen. Was hingegen die Voraussetzungen für Risikoverhalten betrifft, unterscheiden sich beide Ansätze grundlegend. Während die Verhaltenstheorie in Risikoverhalten den Versuch sieht, vorhandene Ängste zu bewältigen, ist das Aufsuchen von Risikosituationen unter der Annahme einer Instinkthandlung nur in Ermangelung echter Angsterlebnisse zu erwarten.

Und dies scheint auch der einzige Punkt zu sein, an dem eine völlige Unvereinbarkeit zwischen den einzelnen Erklärungsmodellen festzustellen ist. So plausibel die Annahme einer instinktspezifischen Bereitschaft für Angsterleben auch zunächst ist, davon auszugehen, daß es Menschen gibt, die überhaupt keine Angst haben und deshalb extreme Situationen aufsuchen müssen, um ihren Angsttrieb zu befriedigen, fällt schwer. Es sei denn, wir sprechen von Menschen, die nicht nur Kindheitstraumata aus ihrem Bewußtsein verdrängt haben, sondern auch ihre Grundangst. Unter dieser Annahme könnte Risikoverhalten sogar doppelt motiviert sein. Zum einen, um sich immer wieder der eigenen Unversehrbarkeit zu versichern, zum anderen, weil damit auch das instinktive Bedürfnis nach Angsterleben befriedigt wird.

In diesem Abschnitt haben wir versucht, die vorhandenen Theorien zu Risikoverhalten zusammenzuführen und ihr gemeinsames Erklärungspotential zu erfassen. Wir sind davon ausgegangen, daß der Risikosucher über spezifische Eigenschaften verfügt oder es in seiner Entwicklungsgeschichte bestimmte prägende Ereignisse gibt, die als Voraussetzungen für eine zukünftige Karriere als Gefahrenspezialist wirksam sind. Aber auch hier wieder: Voraussetzungen und nicht hinreichende Bedingungen.

Denn an diesem Punkt müssen wir feststellen, daß unter denjenigen, die ein hohes persönliches Aktivationsniveau haben, unter traumatischen oder sonstigen Ängsten oder auch unter einem Mangel an Angsterlebnissen leiden, nur ein geringer Prozentsatz tatsächlich Risikoaktivitäten betreiben dürfte. Die meisten werden ihre Ängste anderweitig bearbeiten, ihr Bedürfnis nach Stimulation, nach Reizvariation auf andere Weise befriedigen und nie auf den Gedanken kommen, sich in gefährliche oder sogar lebensbedrohende Aktivitäten zu stürzen.

Und das ist auch gut so! Die Vorstellung, man könnte die Vielfalt menschlichen Verhaltens, die unterschiedlichsten Persönlichkeiten mit ihren Bedürfnissen, Motiven, Einstellungen und Werthaltungen durch ein paar Theorien umfassend und zweifelsfrei erklären, wäre eher beängstigend als befreiend. Sie würde einen Menschen voraussetzen, der bis ins kleinste Detail analysier- und berechenbar ist – ein Bild, das wirklichen Menschen und ihrer Einzigartigkeit in keiner Weise gerecht werden kann.

Aber auch wenn wir damit unser eigenes Erkenntnisinteresse und die Ergebnisse, die es zutage fördern kann, in seine Schranken verweisen müssen, lassen wir uns nicht von unserem Vorhaben abbringen. Wir wollen noch mehr über Risikosucher erfahren! Und deshalb werden wir uns als nächstes dem Aspekt widmen, den wir bisher noch weitgehend ausgeklammert haben, der aber für die Erklärung von Risikoverhalten von zentraler Bedeutung sein dürfte: der Qualität des Erlebens während der Aktion, jenseits von Angst und Erregung.

En casa, am 27. August 1992

Ich hab's! Gerade als ich, auf meiner Loggia stehend, den Möwen zusehe, wie sie lautlos und elegant durch die Lüfte gleiten, kommt mir die Erleuchtung.

Die Fallschirmspringer, Drachenflieger, Paraglider, einfach alle, die etwas mit Fliegen zu tun haben, tun es, weil sie es den Vögeln gleichmachen wollen. Sie sind alle zu lange auf einer Loggia gestanden oder sonstirgendwo und haben den Möwen, den Falken, den Dohlen und was es sonst noch so alles in der Luft gibt, zugesehen.

Das ist die Lösung. Was gibt es Schöneres, als, die Flügel weit ausgebreitet, im Wind zu stehen, um sich im nächsten Augenblick wagemutig auf ein Stück Brot, die Reste eines Tintenfisches oder einen abgenagten Fisch inklusive Kopf- und Schwanzflosse zu stürzen, die das Meer (oder die Gäste auf der Restaurant-Terrasse schräg unter mir) gerade ausgespuckt haben.

Wahrscheinlich ist es bei Bergsteigern nichts anderes. Die wollen bestimmt auch nur einen Eindruck davon bekommen, wie die Welt von so weit oben aussieht, um sich so richtig in das Fliegen hineinversetzen zu können.

Aber was ist mit den Tauchern, den Überlebens-Freaks, den Höhlenforschern und all den anderen, deren Leidenschaft nichts mit Fliegen zu tun hat? Sind die etwa gar keine Risikosucher?

Ich glaube, ich überlege mir die Sache mit dem Fliegen doch noch mal ganz genau. Wenn ich herausgefunden habe, was eine Wüstendurchquerung, eine Wildwasserfahrt oder S-Bahn-Surfen mit dem Fliegen gemeinsam hat, werde ich es Sie wissen lassen.

Mößling, am 4. Juni 1982

Nichts Neues an der Front der Freifaller. Gert gehört noch immer nicht zu ihnen!

Die letzten Wochen habe ich, Sprung für Sprung, einen einsamen Kampf gegen meine Angst geführt. Nein! Nicht mehr die Angst vor dem Rausspringen. Die ist zwar immer noch riesengroß, aber nach mittlerweile 32 Sprüngen kann ich meine Anspannung und Erregung zumindest schon etwas kontrollieren.

Viel schlimmer ist die Panik, wenn ich in der Luft bin. Sie erfaßt mich, sobald ich an Geschwindigkeit gewinne und mir meine Rezeptoren melden, daß ich im nächsten Augenblick instabil werden und mich überschlagen könnte.

Überschlagen? Die Orientierung verlieren? Oder gar ohnmächtig werden? Kommt ja gar nicht in Frage! Dann ziehe ich lieber...

Und dann hänge ich wieder in 1500 Meter Höhe, trauere der neuerlich verpaßten Gelegenheit nach und höre in Gedanken schon das Hallo bei meiner Landung. Es ist wie verhext!

Ich hab's. Ich darf ganz einfach nicht instabil werden! Also: noch weiter ins Hohlkreuz gehen, den Kopf noch stärker in den Nacken drücken... Das ist die Lösung.

Die letzte halbe Stunde vor meinem 33. Sprung verlasse ich die X-Lage nicht mehr. Gehend, stehend, liegend versuche ich ständig meine Haltung zu verbessern. Meine Nackenmuskeln schmerzen, meine Lendenwirbelsäule meldet Alarmstufe 1. Aber ich lasse mich nicht beirren. Wenn ich meinen Bauch noch stärker rausdrücke, meinen Körperschwerpunkt noch weiter nach unten bringe, kann ich mich gar nicht überschlagen! Und überhaupt: Mit meiner

Größe von 1,86 bin ich ja von vornherein benachteiligt. Man schaue sich nur die wirklich guten Springer an. Alles Wunderstumpen!

Endlich in der Maschine, bin ich dann richtig euphorisch. Bald wird die Qual ein Ende haben. Noch ein paar Minuten und ich kann mich dem Rausch des Freifallens hingeben.

Was für ein Tag!

Auf dem Schweller sitzend, gehe ich Schritt für Schritt noch einmal die einzelnen Phasen durch: kräftig abstoßen – X-Lage – Kopf in den Nacken bis zum Anschlag – den Rücken durchdrücken... und fliegen, fliegen, fliegen. Ich bin völlig konzentriert. Die feuchten Hände, die Schweißbahnen in meinem Gesicht, das Herzklopfen, den Druck in der Brust – ich nehme alles nur am Rande wahr. Noch ein paar tiefe Atemzüge – NICHT ZIEHEN!!! – und ich springe hinaus.

Drei Sekunden Freifallzeit attestiert mir mein Sprunglehrer 10 Minuten später. Drei Sekunden, großzügig gerechnet! Ich weiß nicht, was passiert ist, ich weiß nicht, wie der Griff in meine Hand kam. Ich will es nicht wissen. Ich bin deprimiert, enttäuscht, ratlos. Mit dem Springen ist Schluß!

Im letzten Lift des Tages ist noch ein Platz frei. Mein Schirm ist gepackt und – ohne großen Widerstand zu leisten – lasse ich mich überreden. So fliegt die Maschine wenigstens kostendeckend.

Um mich herum sitzen nur erfahrene Springer. Sie planen einen Dreier-Kappenrelativ aus 2000 Meter Höhe und sind während des Fluges mit den Absprachen für ihr Vorhaben beschäftigt. Ich höre ihnen teilnahmslos zu; das geht mich ja alles nichts mehr an.

Zum 34. Mal sitze ich auf dem Schweller, habe aber zum ersten Mal eigentlich nichts Besonderes vor. Nur springen. Aller Voraussicht nach zum letzten Mal! Ich bin an meine Grenze geraten; es wird Zeit, daß ich das endlich akzeptiere.

Der Fahrtwind bläst mir ins Gesicht, zerrt an meiner Kombi, ich habe Mühe, mich festzuhalten. Ich schaue nach unten und suche den Flugplatz. 1500 Meter, ist nicht hoch! Aber die Bäume, die Häuser, die Autos – alles ist so winzig, so irreal, fast wie eine Puppenstube. Da hat man ja eigentlich genügend Zeit zum Ziehen.

Der Pilot drosselt den Motor. Ich verlagere mein Gewicht, rutsche auf die rechte Pobacke, um mich besser abstoßen zu können, schaue noch mal nach unten – wirklich ausreichend Zeit zum Ziehen – und habe eine Idee. Plötzlich bin ich hellwach. Was wäre, wenn...? Bevor ich noch in der Lage bin, mein »Ja – aber« zu formulieren, springe ich hinaus.

Aber nicht in Fallschirmspringerhaltung! Eher so wie ein Fünfjähriger vom Garagendach! Kein Gedanke an X-Lage, kein Hohlkreuz. Ich werde von der Luft gepackt und weggetragen.

Und ehe ich's mich versehe, kommen mir auch schon meine Beine entgegen. Ich werfe den Kopf nach hinten, sehe die Do auf dem Rücken davonfliegen – drei Paar Augen glotzen mir aus ihrem Schlund entgeistert nach – und vollende meinen ersten Salto rückwärts.

Fantastisch! Ich bin bei vollem Bewußtsein! Luft und Naturgesetze spielen ihr Spiel mit mir – und ich lasse sie gewähren. Ich spüre jede Veränderung meiner Position, registriere, wie ich immer schneller falle – und tue nichts dagegen. Nein, ich träume nicht!

Und mein Programm ist noch nicht zu Ende. Noch ein Überschlag – Wow, ist das schön – und noch einer. Dann strecke ich Arme und Beine von mir, gehe in die X-Lage, wirble kreuz und quer durch die Luft und fliege plötzlich stabil – auf dem Rücken. Ich lege meinen Kopf in den Nakken, drücke meinen Bauch noch weiter durch, beginne mich langsam zu drehen – und liege mit einem Schlag auf dem Bauch. Alles paletti. JETZT KANN ICH ZIEHEN!

Am Schirm hängend, werfe ich als erstes einen Blick auf den Höhenmesser. Tatsächlich – ungefähr 1000 Meter. Ich bin mindestens zehn Sekunden frei gefallen!

Die ganze Anspannung und Verkrampfung der letzten Monate löst sich plötzlich auf. Warme Wellen durchfluten meinen Körper. Es ist so, als würde sich jede einzelne Zelle mit mir freuen und einen Tanz aufführen. Ich möchte schreien, bringe aber keinen Ton raus. Ich fühle mich ausgelaugt und schwach – aber unendlich erfüllt und glücklich. Ich hab's geschafft. Ich hab' meine Angst besiegt. Ich hab' mich fallen lassen können.

Am Boden dann strahlende Gesichter, Gratulationen. Man hatte meinen langen Weg durch die Angst wohl mit mehr Anteilnahme verfolgt, als mir bewußt war.

Ein wundervoller Tag geht zu Ende. Ich habe endlich wieder Grund zum Feiern.

3. KAPITEL

Weshalb sie es immer wieder tun

Wie Risikosucher zu ihrer Leidenschaft kommen, beziehungsweise welche Gründe sie zum Einstieg in den Risikobereich bewegen könnten, haben wir zu klären versucht. Wie aber geht es danach weiter, was bringt Risikosucher dazu, sich fortwährend und immer wieder neuen Belastungsproben zu stellen?

Als mögliche Erklärung haben wir bereits die Streßsucht diskutiert. Wenn Menschen tatsächlich ein derartig starkes körperliches Verlangen nach Streß haben, werden sie immer wieder Situationen aufsuchen, die ihren Körper in der gewünschten Weise zur Produktion von körpereigenen Morphinen anregen. Allerdings gehen wir davon aus, daß nur eine geringe Anzahl von Risikosuchern wirklich »streßsüchtig« ist. Deshalb werden wir diese Erklärungsebene bei den folgenden Überlegungen vernachlässigen.

Eine weitere, aus unseren bisherigen Annahmen naheliegende Antwort ist, daß Risikoverhalten aus denselben Gründen beibehalten wird, die auch zum Einstieg geführt haben. Der Wirksamkeit der erlernten Angstbewältigungstechniken kann man sich ebensowenig mit einem einzigen Sprung aus dem Flugzeug versichern, wie ein hohes persönliches Aktivationsniveau mit einmal Drachenfliegen oder der Angsttrieb mit einer Bobfahrt auf Dauer zu regulieren beziehungsweise zu befriedigen ist. Wenn Risikosucher aus ihren ersten Begegnungen mit der Gefahr den gewünschten Nutzen ziehen konnten, werden sie sich ihr immer wieder aussetzen.

Diese Tendenz mag noch verstärken, daß bei praktisch allen Risikoaktivitäten eine Steigerung des Risikos und damit auch ein Wachsen an den gesteigerten Anforderungen möglich ist. So findet der Bergsteiger immer wieder neue Routen und damit auch neue Schweregrade, der Drachenflieger oder der Gleitschirmflieger hat es mit immer neuen thermischen Bedingungen zu tun und kann sich jedesmal an gewagteren Flugmanövern versuchen; der, den die Tiefe des Meeres lockt, findet immer wieder eine neue, unheimliche und gefahrenvolle Welt vor und auch dem Fallschirmspringer sind so gut wie keine Grenzen gesetzt, das Risiko immer weiter zu steigern.

Zwar kann bei ständiger Wiederholung bis zu einem gewissen Grad eine Gewöhnung an die Situation stattfinden, diese führt aber nicht zu einem völligen Verschwinden der körperlichen Begleiterscheinungen von Angst, sondern lediglich zu einer Umdefinition der wahrgenommenen Erregung. Was von Anfängern noch als Angst interpretiert wird, erkennen fortgeschrittene oder routinierte Risikosucher beispielsweise als physiologische Merkmale von hoher Konzentration oder sogar von lustvoller Erregung.

Um einer Reizgewöhnung entgegenzuwirken, beschränken sich manche Risikosucher nicht auf eine Form der Aktivierung, sondern lassen sich immer wieder neue Möglichkeiten einfallen, ihren Körper mit entsprechender Stimulation zu versorgen. Und wie man weiß, sind sie dabei höchst kreativ. Die ständig neuen Herausforderungen – beispielsweise Eis-Klettern an gefrorenen Wasserfällen, Air-Surfing oder River-Boogie – sind nicht das Produkt einer an Konsum und Profit orientierten Freizeitindustrie, sondern allein dem Einfallsreichtum und der Willenskraft von Menschen zu verdanken, die sich nicht mit Routine und Reproduktion von bereits Vorhandenem zufriedengeben wollen. Auch darin äußern sich typische Wesenszüge von Risikosuchern: in dem Bedürfnis nach Reizvariation und in der Bereitschaft, auch nach neuen und unüblichen Lösungen zu suchen, wenn die gegebenen Bedingungen ausgeschöpft sind und keine Steigerung der Anforderungen mehr zulassen.

Die überwiegende Mehrheit der Risikosucher jedoch bleibt ihrer einmal erkorenen Leidenschaft sehr lange treu. Diese Beharrlichkeit ließe sich lerntheoretisch dadurch erklären, daß sich eine Reaktion, die ursprünglich Gefahr vermeiden und Angst reduzieren sollte, durch ständige Wiederholung verselbständigt und durch Reize mit einem gewissen Belohnungswert aufrechterhalten wird. Aus der anfänglichen aktiven Vermeidung würde also im Laufe der Zeit eine positiv verstärkte Annäherungsreaktion, das heißt, der Risikosucher wird für die Ausübung der Risikoaktivität belohnt.

Worin besteht diese Belohnung? Ganz profan könnte man sagen, und dem stimmen sicherlich die meisten Risikosucher zu, in dem großartigen Erlebnis, das Fliegen, Tauchen, die Geschwindigkeit und all die anderen Merkmale von Risikoaktivitäten vermitteln.

Die Lerntheorie sieht das etwas differenzierter. Sie sagt, die Belohnung resultiert aus der Annäherung an sogenannte *Sicherheitssignale.* Diese Sicherheitssignale erhalten ihre verstärkenden Eigenschaften daraus, daß sie anstelle des erwarteten negativen Ereignisses auftreten. Bei einem Fallschirmsprung könnten beispielsweise eine stabile Lage, das Geräusch beim Lösen des Hilfsschirms oder der Knall bei der Öffnung des Hauptschirmes wichtige Sicherheitssignale sein. Sie teilen dem Springer mit, daß alles erwartungsgemäß verläuft, er die Situation beherrscht und ein Absturz nicht zu erwarten ist.

Neben diesen Sicherheitssignalen gibt es aber noch andere, für die Befindlichkeit des Akteurs in Risikosituationen entscheidende Momente, mit denen wir uns bisher noch nicht befaßt haben. Auch sie könnte man zwar prinzipiell im Sinn einer Verstärkung interpretieren, ihr möglicher Erklärungswert für das Phänomen »Risikoverhalten« ist aber unseres Erachtens so groß, daß es sich lohnt, sie etwas genauer zu betrachten. Gemeint ist die besondere *Qualität des Erlebens* während der Risikoaktivität, jenseits von Angst und Erregung.

Menschen sind lustorientierte Wesen. Nicht immer und ausschließlich, aber doch weitgehend. Sie neigen dazu, Situationen oder Reizkonstellationen zu vermeiden, die Unlust erzeugen (oder erzeugen könnten), und sie fühlen sich andererseits von angenehmen und, wie wir bereits wissen, anregenden Zuständen angezogen.

Vergnügungen an sich sind generell sehr geeignet, Wohlbefinden hervorzurufen. Ob wir uns nach einem anstrengenden Arbeitstag beim Fernsehen oder Musikhören entspannen, bei Hungergefühlen Nahrung zu uns nehmen oder unseren Sinnen auf Urlaubsreisen Anregungen geben, wir verschaffen uns solchermaßen das Gefühl von Zufriedenheit. Zufriedenheit ist, so könnte man auch sagen, das Ergebnis all jener Aktivitäten, die, teilweise biologisch programmiert, teilweise gesellschaftlich konditioniert, unsere momentanen Erwartungen erfüllen.

Risikosucher sind in ihrem Metier manchmal auch vergnügungsorientiert. Wenn ein Bergsteiger zum sechsunddreißigsten Mal ohne große Anstrengung dieselbe Route geht, wenn ein Wildwasserfahrer nach Jahren des Trainings in extremen Gewässern wieder einen Ausflug zu dem Bächlein macht, in dem er sich seine ersten Sporen verdiente oder wenn ein Abfahrtsrennläufer gemächlich die Streif hinunterschwingt, dann können auch diese Aktivitäten Vergnügen bereiten.

Mehr auch nicht! Zufriedenheit als Ergebnis eines solchen, mehr oder weniger passiven Konsumierens von Vergnügungen hilft lediglich, die gegebene psychische Ordnung aufrechtzuerhalten. Aber sie verändert nichts, sie bringt nichts Neues, sie löst keine Entwicklung aus. Genau das aber wäre die Voraussetzung für tieferes Empfinden. Um mehr als Zufriedenheit zu verspüren – vielleicht Freude, Glück oder wie immer wir es nennen wollen –, muß man psychische Energie in neue Ziele investieren, muß über seine bisherigen Grenzen hinausgehen, die alte Ordnung, alte Strukturen ergänzen und weiterentwickeln. Wirklich tiefe Empfindungen von Glück und Freude stellen sich dann ein, wenn man Herausforderungen, gleich welcher Art, annimmt und sich ihnen gewachsen zeigt.

Ist es das, was Risikosucher tatsächlich suchen, Freude und Glücksgefühle? Nicht die Risiken und auch nicht die Angst? Nehmen sie beides etwa nur billigend in Kauf?

Wir meinen ja! Was sie wirklich suchen, ist die Herausforderung – und das Erleben, das mit ihr verbunden ist. Sich einer Aufgabe zu stellen, die den eigenen Möglichkeiten angemessen ist, an der Herausforderung zu wachsen und seine Kompetenz und seine Fähigkeiten weiterzuentwickeln, sind die eigentlichen Ziele.

Freude und Glücksgefühle im tiefsten Sinn treten dann auf, wenn die Fähigkeiten im Einklang mit den Anforderungen stehen, wenn der Bergsteiger die Wand nur unter Einsatz all seiner Kraft, seiner Geschicklichkeit und seines Wissens meistern kann oder wenn der Drachenpilot unter schwierigen Bedingungen an der Grenze seiner Möglichkeiten fliegt.

Um sich einer großen Herausforderung gewachsen zu zeigen, muß der Risikosucher alle in der Situation wichtigen Fähigkeiten auf die Ausübung konzentrieren. In diesem Augenblick ist keine Zeit mehr für irgendwelche anderen Gedanken. Alle Sinne, die gesamte Aufmerksamkeit, sind ausschließlich auf das Tun gerichtet. Der geringste Fehler, die kleinste Unachtsamkeit, können das Leben kosten. Informationsaufnahme und -verarbeitung dienen ausschließlich der Situationsbewältigung. Alle Reize, alle sonstigen Informationen, die nicht unmittelbar von Bedeutung sind, werden ausgeblendet.

Im Augenblick höchster Konzentration geschieht alles fast von selbst, wie automatisch: Der Springer springt, der Flieger fliegt, der Taucher taucht. Das klingt ziemlich banal und dennoch glauben wir, daß sich hinter diesen lapidaren Worten der tiefere Sinn von Risikoverhalten verbirgt – und vielleicht von

Leben überhaupt. Man wird zum Teil des Tuns, wird vollkommen von ihm absorbiert. Man ist das, was man tut.

Fallschirmspringer berichten oft über die Unlust beim Auslösen des Schirms. Sie möchten diesen Zustand nicht beenden, möchten immer weiterfliegen, so wie Drachenflieger nach einem schwierigen Flug zwar froh sind, wieder festen Boden unter den Füßen zu haben, sich gleichzeitig aber auch wieder zurücksehnen nach dem Augenblick des völligen Aufgehens im Fliegen. Das Bergsteigen, das Springen, das Tauchen wird zum Ziel der Tätigkeit selbst.

Wahrnehmung und Sein verschmelzen in diesem Zustand zu ein und demselben. Die Trennung von Subjekt und Objekt, die uns seit der Geburt traumatisch verfolgt, ist für eine kurze Ewigkeit aufgehoben. Man sieht sich nicht mehr unabhängig von dem, was man tut, Handeln und Bewußtsein sind identisch.

Flow, also »fließen« oder »in Fluß sein«, nennt der amerikanische Psychologe Mihaly Csikszentmihalyi diese Erlebnisqualität. Das Individuum erlebt sich als ungebrochene Einheit. Keine Zweifel, keine Gedanken an irgend etwas anderes stören es bei der Ausübung seiner Tätigkeit. Alles geschieht scheinbar mühelos, selbst schwerste körperliche Anstrengungen. Es ist das völlige Aufgehen im Tun, das einen trägt. Solange man seine gesamte Aufmerksamkeit darauf richtet. Denn jedes Nachlassen der Konzentration beendet diesen Zustand.

Wie sind solche Erfahrungen möglich, die jeder Bergsteiger, Drachenflieger, Fallschirmspringer, Wildwasserfahrer, vermutlich jeder Risikosucher in irgendeiner Weise schon einmal gemacht hat? Welche Bedingungen müssen, neben der Herausforderung, der Konfrontation mit der Angst, gegeben sein?

Ziele und Rückmeldungen: Eine wesentliche Bedingung für Flow ist, daß eindeutige und klare Ziele vorliegen und die Rückmeldung unmittelbar erfolgt. Fallschirmspringer und

Gleitschirmflieger möchten sicher landen, Bergsteiger auf dem Gipfel ankommen, Taucher an die Oberfläche zurückkehren und Weltumsegler wieder den sicheren Hafen anlaufen. Und auf ihren Wegen bekommen sie ständig und immer wieder eine Vielzahl von Rückmeldungen oder Feedbacks über den jeweiligen Stand ihrer Anstrengungen. Der Fallschirmspringer erfährt, daß sein Fall gebremst wird, der Taucher, daß er noch für 15 Minuten Sauerstoff hat oder der Bergsteiger, daß der Fels nicht brüchig ist.

Rückmeldungen sind nicht immer so einfach zu interpretieren wie die des Fallschirmspringers bei der Öffnung seines Schirmes. Manchmal müssen sehr viele Rückmeldungen gesammelt, zueinander in Verbindung gesetzt und entsprechende Schlüsse aus ihnen gezogen werden, um das Ziel zu erreichen. So beobachtet der Wüstendurchquerer tagelang die Sterne, berechnet seine eigene Position und die Richtung, die er einhalten muß, und weiß erst zum Schluß, ob ihn seine Annahmen und Berechnungen nicht getrogen haben. Die Freude, die ihn dann erfüllt, kann er nur empfinden, weil er sich ein klares Ziel gesetzt hat und weil er die Rückmeldungen auf dem Weg dorthin erkannt und richtig interpretiert hat.

Rückmeldungen an sich sind sinnlos. Ihre wirkliche Bedeutung und Funktion erhalten sie erst im Kontext mit dem angepeilten Ziel. Wertvoll ist die in ihnen enthaltene Botschaft: Du näherst dich dem Ziel der gewählten Herausforderung oder hast es bereits erreicht. Ziel kann also das Endziel genauso meinen wie jedes beliebige Etappenziel. Die Landung nach dem Sprung ebenso wie das Einnehmen einer stabilen Lage im freien Fall.

Konzentration: Ein weiterer, ebenfalls sehr entscheidender Aspekt von Flow-Erlebnissen ist, daß man dabei all das, was das sonstige Leben bestimmt, nicht registriert. Im Zustand der totalen Konzentration, der Absorption durch die Tätigkeit, zählen nur die in der Situation wesentlichen Informationen. Andere Dinge, das Leben, selbst die eigene Identität, sind in diesem Augenblick ohne Bedeutung und werden ausgeblendet.

Ganz anders im Alltag. Dort werden wir ständig abgelenkt. Mal sind es finanzielle Probleme, mal Sorgen mit den Kindern oder Schwierigkeiten in der Partnerschaft, die unsere Aufmerksamkeit an sich binden. Solche Ablenkungen beeinträchtigen unsere Konzentration und hindern uns oft daran, unsere Fähigkeiten und unser wirkliches Leistungsvermögen zur Entfaltung zu bringen. Und sie kosten uns viel psychische Energie, Energie, die uns an anderen Stellen fehlt, dort, wo sie wesentlich sinnvoller eingesetzt werden könnte.

Flow-Erfahrungen mit ihren klaren und eindeutigen Zielen hingegen schaffen Ordnung und Struktur. Das Bewußtsein ist ausschließlich auf Situationsbewältigung ausgerichtet und läßt keinerlei störende Einflüsse zu. Bei 250 Stundenkilometer im Flash ist noch nicht einmal Platz für Betrachtungen über die Schönheit der Erde, auf die man zurast. Wichtig ist nur: Liege ich richtig, sind die Arme nicht zu nah am Körper, was muß ich tun, um das Schaukeln abzustellen, wie ist meine Höhe, wieviel Zeit habe ich noch, wo sind die anderen, wo ist mein Landeplatz...? Kein Gedanke an den letzten Kontoauszug, an den Streit mit der Freundin oder an den Krieg in XYZ – nur Konzentration auf das, was in der Situation unmittelbar erforderlich ist.

Völlige Konzentration als existentielle Erfahrung schöpft ihren Wert aus der Reiz- und Informationsüberflutung, den vielfältigen und teilweise widersprüchlichen Anforderungen unserer Realität und dem Mangel an Orientierungshilfen, denen wir in einer immer komplexer und unüberschaubarer gewordenen Welt ausgeliefert sind. Sehnsucht nach Struktur und Ordnung, nach Einfachheit und Sinn – kurz: nach Erkennen und Verstehen – ist ein Grundbedürfnis unserer Zeit. Während vor ein paar Generationen der Schmied, der Bauer oder

der Müller bei seiner Arbeit noch Überschaubarkeit, Ordnung und klare Strukturen vorfand – und deshalb völlig in seinem Tun aufgehen konnte – treffen wir auf Chaos, Widersprüche und Ambiguität. Was gestern falsch war, ist heute richtig und vielleicht schon morgen völlig indiskutabel. Wirkliche Freude, echtes Glück ist nur noch in der völligen Hingabe an etwas möglich, das uns – und sei es nur für Sekunden oder Minuten – die eigene Zerrissenheit, die Hilflosigkeit und den Mangel an Orientierung vergessen läßt.

Ein Weg dorthin liegt im Aufsuchen von Extremsituationen. Sie binden die Aufmerksamkeit so stark, daß kein Ausweichen oder Sich-ablenken-lassen möglich ist. Und sie befriedigen gleichzeitig unser Bedürfnis nach Neuem, nach Anregung und nach Entwicklung. Auf den Punkt gebracht, bedeutet das, daß der Risikosucher das alltägliche Chaos aus Überdruß an der latenten Überforderung verläßt und sich in der Konfrontation mit bewältigbaren Herausforderungen, durch den Aufbau von neuen Ordnungen und Strukturen und, damit einhergehend, von neuen Kompetenzen und Fähigkeiten für die Rückkehr in die Welt wappnet.

Andere Wege, jenseits von Risikoverhalten, sind ebenso erfolgversprechend. Auch mit ihnen werden wir uns noch befassen. Vorher wollen wir uns aber ein paar Gedanken über einen weiteren Aspekt von Flow-Erlebnissen machen, der das Wesen von Risikoverhalten ebenfalls sehr stark prägt: das Ausüben von Kontrolle.

Kontrolle: Die meisten Risikoaktivitäten ermöglichen ein hohes Maß an Kontrolle. Kontrolle ausüben zu können setzt zunächst eine gewisse Eignung sowie den Erwerb von bestimmten Fähigkeiten voraus. Der Drachenflieger lernt an einem einfachen Hang, den Drachen zu tragen, damit anzulaufen und abzuspringen, und unternimmt dann kurze Übungsflüge; der Taucher beginnt vielleicht mit dem Schnorcheln im Schwimmbecken, und der Fallschirmspringer muß mindestens zehn Automatiksprünge absolvieren, bis er zum erstenmal auf sich selbst gestellt den Schirm auslöst. Jeder Schritt in der Entwicklung des Risikosuchers ist mit dem Erwerb von neuem Wissen und neuen Fähigkeiten verbunden, bis irgendwann einmal auch die höchsten Anforderungen realisierbar sind. Wohlgemerkt: die höchsten Anforderungen an die eigene Geschicklichkeit, an das Vermögen, mit der Risikosituation umzugehen.

Denn neben den als subjektiv zu bezeichnenden und aus der mangelnden Beherrschung der jeweiligen Technik resultierenden Gefahren weisen Risikosituationen auch objektive Gefahren auf. Diese sind beim Bergsteigen etwa unvorhersehbare Wettereinbrüche, beim Fallschirmspringen ein vorher nicht erkennbarer Materialfehler oder beim Skirennen ein plötzlich auftauchendes Hindernis auf der Abfahrtstrecke.

Das Ziel der Risikoaktivität besteht darin, subjektive Gefahren völlig auszuschließen und die objektiven auf ein Minimum zu begrenzen. Und dennoch weiß der Flieger, der Bergsteiger, der Wildwasserfahrer in jedem Augenblick, daß das, was eigentlich nicht passieren dürfte, der eine Fall unter Millionen, gerade ihn im nächsten Augenblick treffen könnte: die unvorhersehbare Bö, der sich plötzlich lösende Felsbrocken oder der unwiderstehliche Strudel, der ihn in die Tiefe zieht.

Sich diesem Risiko dennoch auszuliefern bedeutet, zeitlich befristet Kontrolle abzugeben, um sie in dem Augenblick, in dem das Unvorstellbare, die existentielle Bedrohung tatsächlich eintritt, wieder zu erlangen. Kompetenzgewinn bei Risikoaktivitäten wäre ohne die Bereitschaft, Sicherheit und schützende Routine aufzugeben, die eigene Existenz zur Disposition zu stellen, nicht möglich. Denn erst dann, wenn der Fall aller Fälle eingetreten ist, wird sich erweisen, ob man wirklich in der Lage ist, all seine Fähigkeiten und sein Wissen im entscheidenden Augenblick und in Bruchteilen von Sekunden auszuspielen. Die schnelle Korrektur beim Fliegen, der instinktive Wechsel des Griffs an der Wand oder die lebensrettende Rolle unter Wasser vermitteln die Sicherheit, daß man die Situation auch dann noch beherrschen kann, wenn einem die Natur der Dinge eine Falle stellt.

Diese Überlegungen mögen auf den ersten Blick etwas seltsam anmuten. Und dennoch wäre Risikoverhalten im eigentlichen Sinn nicht möglich, wenn sämtliche Risiken mit absoluter Sicherheit auszuschließen wären. Erst durch die Bereitschaft, Sicherheit und Kontrolle aufzugeben, sich der Situation, den äußeren Bedingungen und der Natur der Dinge anzuvertrauen, um sie im entscheidenden Augenblick wieder zu erlangen, wird Risikoverhalten zu dem, was es ist.

Der Verlust des Selbstgefühls: Bei Risikoaktivitäten sind sämtliche Sinne des Menschen so absolut auf Situationsbewältigung ausgerichtet, daß alle irrelevanten Reize und Informationen vorübergehend unterhalb der Bewußtseinsschwelle verschwinden. Vergangenheit und Zukunft, Sorgen, Ängste und Nöte sind nicht existent; was zählt, ist einzig die Gegenwart – die Herausforderung.

Das Verschmelzen mit dem, was man tut, das Aufgehen in der Situation, kann so ausgeprägt sein, daß man dabei sogar das eigene Selbstgefühl verliert. Der Bergsteiger sieht nur noch die Wand vor sich und vergißt sich und alles andere um ihn herum. Auch beim freien Fall vor dem Auslösen des Schirms ist keine Zeit für Selbstreflexion, für Gedanken darüber, wer oder was man ist, was man wann zu tun und was zu lassen hat.

Und das, was man in der Situation tut, wird durch das Vergessen »seiner selbst« noch konzentrierter, noch intensiver, fast egolos. Es geschieht alles wie von selbst. Man macht automatisch das Richtige – im Wortsinn »selbstvergessen« –, ohne angestrengt darüber nachzudenken. Es geschieht einfach.

Manchmal geht der Verlust des Selbstgefühls so weit, daß eine Verschmelzung mit der Umgebung stattfindet, daß also die

Subjekt-Objekt-Trennung aufgehoben wird und man sich mit den Objekten – Psychoanalytiker würden sagen: wie vor der Geburt – vereint. Besonders häufig werden solche Erfahrungen von Gruppenaktivitäten berichtet. Springer, die in einer großen Formation geflogen sind, berichten danach immer wieder von außergewöhnlichen Gefühlen: Die Seelen wären »miteinander vereint« gewesen, sie hätten sich als »Teil des Ganzen« und als »einzigen funktionierenden Organismus« empfunden.

Was bedeutet diese Selbstvergessenheit und welche Perspektiven ergeben sich aus ihr? Zunächst einmal ist es ein sehr angenehmer Zustand. Während wir im »normalen« Leben ständig damit beschäftigt sind, unsere Vorstellungen davon zu verwirklichen, wer wir sind und wie wir uns zu verhalten haben, um eigene und fremde Erwartungen zu erfüllen, können wir uns im Zustand der Selbstvergessenheit auf das Wesentliche konzentrieren. Und das bedeutet auch, mit psychischer Energie ökonomischer umzugehen als im Alltag.

Denn jedesmal, wenn wir uns bedroht fühlen, sei es durch eine offene oder durch eine versteckte Kritik, aber auch durch unerwartete Zuwendung oder Interesse – mit anderen Worten: durch alles, was unsere Vorstellung vom Selbst in irgendeiner Weise in Frage stellt – müssen wir überprüfen, ob noch alles im Lot ist mit uns und unserem Bild oder ob die Bedrohung real ist. Unser Selbstbild ist dazu da, Ordnung und Klarheit in unserem Bewußtsein zu schaffen. Und immer dann, wenn es aktiv ist – dies ist zigmal am Tag der Fall – wird psychische Energie verbraucht.

Das Selbstgefühl zu verlieren, ist kein Verlust des Selbst, geschweige denn des Bewußtseins. Im Gegenteil: In diesem Zustand nehmen wir noch sensibler wahr, beherrschen unseren Körper noch besser als normalerweise. Und in diesem Zustand, jenseits der Grenzen unseres Selbstbildes, ergeben sich neue Perspektiven und Möglichkeiten. So bedeutet der befristete

Verlust des Selbstgefühls nicht nur, eine Vorstellung davon zu erlangen, was alles möglich ist, sondern auch ein Ausweiten der Grenzen. Flow-Erlebnisse und insbesondere der Verlust des Selbstgefühls lassen uns einen Blick über den Zaun hinaus werfen auf das Ganze. Ohne Begründung, ohne Rechtfertigung und ohne schlechtes Gewissen können wir diesen Blick genießen und unsere Vorstellungen von unserem Sein weiten.

Flow und Meditation

Sie mögen vielleicht bei der Beschreibung dessen, was Flow ist, ein Wort vermißt haben: das Wort Meditation. Und fraglos zeigen sich Parallelen zwischen den Empfindungen und Prozessen, die im Zustand des Flow auftreten, und charakteristischen Elementen meditativer Zustände: die völlige Konzentration, die einfachen Regeln und klaren Ziele, die Veränderung der Zeitwahrnehmung und nicht zuletzt das Aufgehen in der Tätigkeit und der Verlust des Selbstgefühles bis hin zur Auflösung der Grenze zwischen Wahrnehmung und Sein. All dies läßt nicht nur eine gewisse Ähnlichkeit von Flow und Meditation erkennen. Wir können noch weiter gehen: Flow ist Meditation. Aber nicht im herkömmlichen Sinn. Während Meditation in der fernöstlichen und christlichen Tradition, von Ausnahmen abgesehen, aus der Stille heraus erfolgt und die Versenkung ihr eigentliches Ziel darstellt, ist Flow mit äußerer Aktivität gekoppelt und letztlich nur das emotionale und geistige Nebenprodukt des Annehmens einer großen Herausforderung.

Und diese unterschiedlichen Wege zu ein und demselben Ziel scheinen nicht beliebig zu sein. Gerade in den letzten 25 Jahren hat es in der westlichen Welt starke Strömungen der Umorientierung hin zu Verinnerlichung und zur geistigen Welt des Ostens gegeben. Viele von denen, die irgendwann einmal angetreten waren, Meditation zu erlernen, mußten diesen Versuch erfolglos wieder abbrechen. Vielleicht deshalb, weil sie das falsche Mittel gewählt haben? Sind wir »verkopfte« Westler für den Weg der inneren Einkehr zu wenig diszipliniert, zu kompliziert, zu differenziert...? Vielleicht brauchen wir wirklich die große äußere Herausforderung, um das zu erreichen, was tiefer Glauben zu vollbringen imstande ist: unsere ganze Konzentration zu mobilisieren und auf den Punkt auszurichten. Vielleicht ist Flow bei Risikoaktivitäten nichts anderes, als die Antwort der westlichen Welt auf die Meditation des Ostens.

Mößling, am 5. Juni 1982

Wie man sich bettet, so liegt man, lautet ein altes Sprichwort. Ich möchte hinzufügen: Und wenn man wirklich seines Glückes Schmied ist, kann überhaupt nichts schiefgehen.

Das Leben schreibt, wie man ja weiß, meistens andere Geschichten. Dieses eine Mal aber kann ich den Wahrheitsgehalt von Volksweisheiten nur bestätigen. Denn: Als ich heute morgen, von einer rosaroten Wolke getragen, sanft in die Realität dieses fantastischen Himmelbettes in dem bereits erwähnten Gutshof nahe des Flugplatzes, hinübergleite, bin ich ein anderer Mensch. Keine Angst mehr, keine Zweifel, keine Selbstanklagen – nur noch Frohsinn, Optimismus, Lebenslust pur.

Frühstück unter Kastanienbäumen bei strahlendem Sonnenschein. Ich nehme mir ausgiebig Zeit, genieße jeden Bissen. Dennoch bin ich viel zu früh fertig. Ich kann meinen nächsten Sprung kaum erwarten. Er wird die Wende in meiner Karriere als Fallschirmspringer bedeuten. Und ich sehne ihn so stark herbei, daß ich an nichts anderes mehr denken kann.

Um kurz vor neun bin ich am Flugplatz. Weit und breit ist noch keine Menschenseele zu sehen. Ich nutze die Zeit und beginne meinen Schirm zu packen. Gestern abend hatte ich dafür keine Muße mehr! Von Spaß am Packen kann auch jetzt keine Rede sein, aber ich gebe mir doch ungewohnt viel Mühe. Als um halb zehn die ersten Springer eintrudeln, empfange ich sie fix und fertig mit sprungbereitem Schirm, und warte ungeduldig darauf, mich in die Springerkladde eintragen zu lassen. Zu meiner Enttäuschung ist vom Vortag noch ein Lift offen, der vorgezogen werden soll. Also weiter warten.

Die verbleibende Zeit verbringe ich mit Freifallübungen. Heute will ich ja nicht einfach nur runterfallen, sondern in die erlauchte Gilde der richtigen Springer aufgenommen werden. Und das heißt stabil fallen, oder vielmehr, fliegen. Also: Üben, üben, üben...

Um dreiviertel elf sitze ich endlich in der Do. Der Schweiß fließt in Strömen. Draußen hat es annähernd 30 Grad im Schatten und in der kleinen Maschine ist es noch um einiges heißer. Ich bin trotz der extremen Temperatur total aufgekratzt, quaßle unaufhörlich und finde alles wunderbar. Von den anderen Springern empfange ich ab und zu einen verständnisvollen Blick; ansonsten sind sie mit sich und ihrem Vorhaben beschäftigt.

Wir gehen auf 1500 Meter. Ich mache mich als erster fertig. Meine Erregung ist in den letzten Minuten wieder stark angestiegen. Als ich den Helm aufsetze und die Bänder unter dem Kinn festziehe, höre ich mein Herz deutlich pochen, laut und schnell.

Wie war noch mein Sprungauftrag? Stabiler Freifall, nach acht Sekunden ziehen. Noch ein paar mentale Übungen: kräftig abspringen – X-Lage – Kopf in den Nacken – Bauch raus – und noch mal von vorn. Ich bin völlig konzentriert! Keine Macht der Welt könnte mich jetzt von der Überzeugung abbringen, daß ich tun werde, was ich mir vorgenommen habe. Ich sehne mich nach diesem Sprung, habe ihn so oft herbeigewünscht. Jetzt endlich ist es soweit.

Die Tür wird geöffnet. Die anströmende Luft nimmt mir fast den Atem. Aber ich empfinde sie nicht mehr als Feind. Sie ist mein Verbündeter. Sie lädt mich ein, ihr zu folgen... und ich nehme ihre Einladung an.

Nach ein paar Sekunden beginnt sich mein Körper über die Querachse nach hinten zu drehen. Aha, das war also immer der kritische Augenblick, der Übergang von der horizontal-vertikalen Bewegung in die Vertikale. Normalerweise würde ich jetzt ziehen. Normalerweise? Nein, nicht normalerweise – früher, ja früher habe ich in dieser Phase gezogen.

Damit ist jetzt Schluß!

Ich bleibe ganz einfach in meiner Position, gehe noch tiefer ins Hohlkreuz – und lege mich sanft und behutsam auf den Bauch. Zum ersten Mal in meinem Leben rase ich nun in stabiler X-Lage senkrecht auf die Erde zu. Ich gewinne mehr und mehr an Fahrt und spüre, wie ich mit zunehmender Geschwindigkeit immer stabiler werde. Das Brausen an meinem Helm verstärkt sich, mein Gesicht wird plattgedrückt wie ein Pfannekuchen. Ich fühle mich völlig sicher, gebe der anströmenden Luft nach, ziehe Arme und Beine etwas an und liege nun satt und entspannt wie in einem Himmelbett – kein Vergleich mit dem von letzter Nacht. Leg dich einfach entspannt auf den Bauch, dann geht alles wie von selbst. Jetzt verstehe ich, was sie meinten!

Und so sause ich nach unten. Völlig stabil, ohne die geringste Drehung, ohne Schaukeln, ohne Vibrieren. So könnte es immer weitergehen!

Aber die Realität ruft und es wird langsam Zeit zum Ziehen. Wie ich es am Boden tausendmal geübt habe, nehme ich die linke Hand vor den Helm und ziehe gleichzeitig mit der rechten Hand den Griff aus der Halterung. Kein Abkippen, keine Drehung, nur ein leichter Schlag an meinem Rücken: mein Hilfsschirm fängt Luft. Dann ein gewaltiger Ruck – und ich hänge am Schirm. 1100 Meter – gutes Timing.

Ein paar Minuten später am Boden. Derselbe Sprunglehrer, der mir irgendwann in grauer Vorzeit den Spitznamen

»Strato-Gert« verpaßt hatte, besteht darauf, den Sprung gleich in mein Sprungbuch einzutragen. Durchbruch gelungen, steht da, mit Ausrufezeichen, und darunter: Xs Xs Xs...

Flow und psychische Abhängigkeit

Kehren wir nochmals an den Ausgangspunkt zurück und zu der Frage: Was ist an der Risikoaktivität so attraktiv, daß sich viele Menschen nicht mit einem einmaligen Abstecher in die Welt von Gefahr und Angst begnügen, sondern ihrer Leidenschaft, wenn sie einmal Blut geleckt haben, über viele Jahre treu bleiben?

Unsere Vermutung war zunächst, daß die Belohnung für Risikoverhalten in der Annäherung an sogenannte Sicherheitssignale besteht. Solche Sicherheitssignale, wie etwa das Geräusch bei der Öffnung des Hilfsschirmes, vermitteln dem Akteur, daß er seiner Aufgabe gewachsen ist und auf seine Fähigkeiten vertrauen kann.

So wichtig dieser Aspekt zu sein scheint, als alleiniger Grund für die Aufrechterhaltung kommt er wohl kaum in Frage. Zu beharrlich und leidenschaftlich gehen Risikosucher ans Werk, als daß man annehmen könnte, es sei ausschließlich der Gewinn an Sicherheit, der ihnen als Belohnung winkt. Sehr viel eher zu erklären ist dieses Phänomen durch das Erleben selbst und die damit verbundenen Empfindungen. Das Heraustreten aus dem grauen Alltag, das Sich-Einlassen auf psychische, kognitive und emotionale Prozesse dieser Intensität scheint auf diejenigen, die die Schwelle zur Risikoaktivität einmal überschritten haben, eine derartig starke Attraktion auszuüben, daß sie sich ihr kaum mehr entziehen können.

Und genau darin könnte auch eine besondere Gefahr liegen.

Einige Hinweise darauf, daß sich hinter der Begeisterung, mit der viele Risikosucher ihrem Hobby frönen, eine Abhängigkeit verstecken könnte, sind mehr als deutlich. Zwar haben wir bereits in einem früheren Abschnitt festgestellt, daß zumindest eine körperliche Abhängigkeit für die große Masse der Risikosucher auszuschließen ist, doch sollten wir auf jeden Fall auch noch die Möglichkeit einer psychischen Abhängigkeit in Betracht ziehen. Wenden wir uns deshalb nochmals dieser Frage zu und überlegen uns, was Risikosucher dazu bringen könnte, sich wie von einem inneren Zwang getrieben immer und immer wieder mit Gefahren auseinanderzusetzen.

Angenehme Erlebnisse, und insbesondere solche, die eine starke emotionale Beteiligung auslösen, wecken in uns den Wunsch nach Wiederholung. Bewirken diese Erlebnisse lediglich Zufriedenheit und Wohlgefühl, erschöpft sich ihr Wert schnell und es kommt zu Gewöhnung und zu Langeweile.

Anders hingegen sieht es bei allen Aktivitäten aus, die wirkliche Freude und Glücksgefühle hervorrufen. Sie zeichnen sich nicht nur durch eine besondere Empfindungstiefe aus, sondern vor allem auch durch die Einfachheit der Struktur von kognitiven Prozessen. Vergangenheit, Zukunft und alles andere, was in der Situation ohne Bedeutung ist, wird ausgeblendet. Und mehr noch: Das Selbstgefühl, die im normalen Leben ständig aktive und alles, was wir tun, kontrollierende Vorstellung dessen, was wir sind, taucht unter die Bewußtseinsschwelle, ist also kurzzeitig nicht vorhanden.

Und das ist eine sehr angenehme und befreiende Erfahrung. Man muß nicht mehr darüber nachdenken, was richtig oder falsch ist, man legt die Zwangsjacke sozialer und kultureller Wertsysteme einfach ab – und macht selbstvergessen das Richtige. Kernpunkt der Erfahrung ist also das, was man tut, und nicht das, was man ist. Und diese Erfahrung kann die Vorstellung des Selbst ausdehnen, kann Freiräume und Entwicklungschancen auftun, die unter dem Einfluß des Selbstgefühls normalerweise unterdrückt werden. Sie kann aber auch – und hierin liegt die große Gefahr – zur Versuchung werden, der alltäglichen Routine so oft wie möglich den Rücken zu kehren und sich immer wieder in den grenzenlosen Genuß von Flow-Erleben zu bringen.

Und dann wird es tatsächlich kritisch für die eigene Unabhängigkeit und für die Freiheit, den Inhalt seines Bewußtseins selbst zu bestimmen. Wenn die Freude am Flow und das Wohlbefinden in der geordneten Struktur von einfachen Zielen und Regeln von der Person immer mehr Besitz ergreifen und gleichzeitig die Bereitschaft immer geringer wird, sich den Risiken und Unwägbarkeiten des Alltags zu stellen, ist es nur noch ein winziger Schritt zu einer echten psychischen Abhängigkeit.

Die Gefahr, daß es tatsächlich dazu kommt, könnte um so größer sein, je höher der Einsatz ist, beziehungsweise das Risiko, das man zugunsten dieser besonderen Erlebnisqualität eingehen muß. Das für Risikoverhalten typische Aufgeben und Wiedererlangen von Sicherheit unter extremen Bedingungen stärkt sowohl das Vertrauen in die eigenen Fähigkeiten als auch das Wissen um die Unabhängigkeit des Gefühlslebens von äußeren Faktoren. Man erlebt sich als Herr über seine Gefühle und weiß, daß man in der Lage ist, positives Erleben zu jeder Zeit selbst herzustellen. Man kann, wenn man es nur will, autark und unabhängig sein. Warum sollte man sich unter diesen Umständen nicht immer wieder seine Fähigkeiten im Umgang mit extremen Situationen beweisen, wenn man dafür auch noch in Form eines großartigen Erlebnisses belohnt wird?

Ein überzeugendes Argument. Gleichzeitig aber auch genau der Punkt, an dem deutlich wird, wie groß die Gefahr einer psychischen Abhängigkeit bei Risikoaktivitäten tatsächlich ist: Wenn nämlich der Wunsch nach Kontrolle über die eigene Befindlichkeit zu stark wird, droht man zum Gefangenen seines Kontrollvermögens zu werden und ist nicht mehr bereit, sich den Widrigkeiten des normalen, nicht gleichermaßen zu kontrollierenden Alltags auszusetzen. Ein bewußter Umgang mit den eigenen Wünschen und Bedürfnissen sowie die Bereitschaft, Planung und Ausübung von Risikoaktivitäten selbst zum Inhalt von Kontrolle zu machen, sind unverzichtbar, will man nicht dieser Gefahr unterliegen. Erst die Kontrolle über das eigene Bewußtsein ermöglicht einen autonomen und selbstbestimmten Genuß von Risikoaktivitäten – frei von inneren Zwängen und Abhängigkeiten.

Es spricht vieles dafür, daß Risikosucher sich immer wieder neuen Risiken aussetzen, weil sie für ihr Verhalten verstärkt werden. Die Aktivität selbst hat einen derart positiven Erlebniswert, daß allein dieser als Motiv ausreicht, um sich immer wieder in Situationen zu begeben, die ähnliche Gefühle und Erlebnisse erwarten lassen.

Nach einer längeren Zeit der fortgesetzten Konfrontation mit Risikosituationen kann es aber aus den genannten Gründen auch zu einer Veränderung dieses Motivs kommen. Der entscheidende Grund für Risikoverhalten wäre dann also nicht mehr die positive Verstärkung für das Risikoverhalten selbst, sondern die Abhängigkeit von der besonderen Erlebnisqualität, die es vermittelt.

Eine psychische Abhängigkeit, wohlgemerkt. Denn von einer körperlichen Abhängigkeit, also einer echten Sucht mit entsprechenden Symptomen, wäre sie noch weit entfernt. Daß jedoch auch diese Möglichkeit besteht, haben wir an anderer Stelle bereits ausgeführt. Für den Großteil der Risikosucher glauben wir sie aber weitgehend ausschließen zu können. Wenn also die Entscheidungsfähigkeit und Autonomie des Risikosuchers überhaupt eingeschränkt sein könnte, dann am ehesten im Sinn einer psychischen Abhängigkeit.

Der Ursprung von Flow

In den vorangegangenen Abschnitten haben wir uns intensiv mit dem geistig-seelischen Zustand des Risikosuchers in der Aktion beschäftigt. Wir vermuten, daß die Faszination des Flow, die viele Risikosucher erleben, sobald sie die Phase der Gewöhnung an die Situation überstanden haben und nicht mehr von ihrer Angst dominiert werden, eines der wesentlichen, wenn nicht das wichtigste Motiv für Risikoverhalten ist. Welche ursächlichen Gründe hinter dieser besonderen Erlebnisqualität stecken könnten – jenseits einer puren *Funktionslust*, also einer ursprünglichen Freude über die Beherrschung des eigenen Körpers – wollen wir uns als nächstes überlegen.

Betrachten wir zunächst nochmals die Determinanten von Flow. Die Voraussetzung für Flow-Erlebnisse ist das Annehmen einer, wie auch immer gearteten, großen *Herausforderung* mit klaren Zielen. Diese Herausforderung kann nur unter Einsatz sämtlicher, für die Art der Herausforderung relevanter Fähigkeiten bewältigt werden. Aber erst dann, wenn man sich völlig auf die Tätigkeit konzentrieren, wenn man alle störenden Einflüsse ausschalten kann, wenn man sich durch nichts ablenken läßt, sich nur mit der Herausforderung beschäftigt, hat man eine wirkliche Chance, die Kontrolle über die Situation zu erlangen und die Aufgabe zu bewältigen.

Wissenschaftlich ausgedrückt, enthalten die Determinanten von Flow eine unabhängige Variable, nämlich die Herausforderung, sowie mehrere abhängige Variablen. Die unabhängige Variable »Herausforderung« könnten wir in unterschiedlichen Ausprägungen testen und dann überprüfen, welche Auswirkungen dies auf die abhängigen Variablen hat.

Keine Angst, das machen wir natürlich nicht! Diese Erklärung diente nur als Hinweis darauf, daß das Annehmen einer Herausforderung, also unsere unabhängige Variable, die entscheidende Bedingung für Glücksempfinden sein muß. Denn nun können wir uns überlegen, in welcher Weise diese besondere Erlebnisqualität mit dem Bewältigen von Herausforderungen verbunden sein und wo der gemeinsame Ursprung liegen könnte.

Wir vermuten, daß sich in Momenten tiefen Glücksempfindens Parallelen zu Erlebnissen aus der Kindheit zeigen. Das Annehmen und Bewältigen von Herausforderungen ist für Kinder nicht nur tägliches Brot, sondern es stellt jedesmal wieder auch eine Ergänzung und Erweiterung des Wissens und der Fähigkeiten dar, die zur Lebensbewältigung nötig sind. Und jeder einzelne Schritt in Richtung auf mehr Kompetenz und mehr Autonomie wird von Freude über die eigenen Fortschritte begleitet. Wer Kleinkindern beim Spiel, beim Lösen von Problemen und bei jeder x-beliebigen anderen Beschäftigung zusieht, die das Kind fordern und seine Entwicklung voranbringen, wird erstaunliche Parallelen zu unseren Determinanten von Glück feststellen: die völlige Selbstvergessenheit, die Konzentration und die Freude über die Kontrolle beziehungsweise das Gelingen. Kinder sind, so können wir annehmen, die eigentlichen Spezialisten für Glück. Sie haben noch einen unmittelbaren Bezug zu den Ressourcen, die Glücksempfindungen ermöglichen, und sie verfügen über das Wissen und die Fähigkeiten, sie sich immer wieder verfügbar zu machen.

Wenn wir davon ausgehen, daß die Freude, das Glücksempfinden, im Zustand des Flow vergleichbar ist mit der kindlichen Freude über die Entwicklung, dann können wir vermuten, daß die eigentliche Quelle von Glück das Erkennen von Struktur und Ordnung und damit das Erlangen von Sicherheit ist. Kindliche Entwicklung – »kindlich« könnten wir hier auch in Klammern setzen, denn dies trifft auf Entwicklung zu jedem anderen Zeitpunkt genauso zu – zielt immer darauf ab, Orientierung zu schaffen und damit die Überlebenschancen zu verbessern. Jedes neue Wissen, jede gerade erworbene Fähigkeit lösen unmittelbare Freude und Glücksempfinden aus, weil damit ein kleines bißchen mehr Erkennen, mehr Begreifen und mehr Verstehen verbunden ist – und so diese fremde und unheimliche Welt wieder ein Stück kalkulier- und kontrollierbarer wird.

Und das ist es auch, was die Attraktivität von Aktivitäten ausmacht, bei denen Flow-Empfindungen auftreten: die unmißverständliche Zielvorgabe, die einfachen Regeln und die unmittelbaren Rückmeldungen. Sie kennzeichnen ein überschaubar gegliedertes Ordnungssystem mit klaren Strukturen, in dem es keine Zweifel gibt, keine Uneindeutigkeiten und auch keine Widersprüche oder Ambivalenzen. Die Aufgabe ist klar, die Bedingungen sind eindeutig, nur ein bißchen Risikobereitschaft einsetzen – und der Gewinn ist einem sicher.

Ein echtes Paradies – verglichen mit der Welt, in der wir uns üblicherweise bewegen. Einer Welt, die nur so strotzt vor Komplexität und Widersprüchlichkeit. In der Erkennen und Verstehen immer schwieriger werden. Weil wir immer neue Wissensstrukturen aufbauen, in der Absicht, noch mehr zu verstehen und unser Leben noch mehr zu erleichtern. Und dabei Wissen auf Wissen türmen und uns von unseren Grundlagen immer mehr entfernen. Einer Welt, in der Eltern nicht mehr verstehen, was ihre Kinder in der Schule lernen. In der einfachste Haushaltsgeräte zu »black-boxes« werden, die auch der Fachmann nur noch austauschen, nicht mehr aber reparieren kann. In der individuelles Verstehen und Begreifen sich in immer enger werdenden Bereichen vollzieht. Und in der das Spezialistentum immer mehr an Macht und Einfluß gewinnt.

Solch einer Welt den Rücken zu kehren, für die kurze Zeitspanne einer Gipfelbesteigung, eines Tauchganges oder eines Sprungs aus den Wolken, kann tatsächlich viel Freude bereiten. Und das zu tun, bedeutet beileibe nicht, der Realität zu entfliehen, sondern, unter psychohygienischen Gesichtspunkten, in sehr reifer und verantwortungsvoller Weise mit seinen Ressourcen umzugehen. Wenn Spannung und Entspannung in einem ausgewogenen Verhältnis zueinander stehen, sind auch die Hektik und die ständige Überforderung im Alltag angemessen zu bewältigen. Diejenigen, die in der Lage sind, Freude und Glücksempfinden nach Belieben zu erlangen, und mit dieser Fähigkeit bewußt und verantwortungsvoll umgehen, haben ein Mittel in der Hand, sich Ausgleich in dem Maß zu verschaffen, wie sie es benötigen. Die verschiedensten Menschen besitzen diese Fähigkeit, unter ihnen auch viele Risikosucher.

Punta Prieta, am 7. September 1992

Dem Abenteurer winkt der große Preis. Aber nur, wenn er bereit ist, die Möglichkeit des Scheiterns in Kauf zu nehmen.

Dies wird mir unvermittelt klar, als ich auf der Fahrt entlang der Nord-Ost-Küste plötzlich eine strahlend weiße Segelyacht liegen sehe. An einer Stelle, an der sie nichts zu suchen hat. Inmitten der Klippen! Daneben, ratlos vor sich hinstierend, ein Häufchen Elend: der Skipper. Groß, hager, schneeweißer Vollbart – der Prototyp des einsamen Weltumseglers.

Im Gespräch ein paar Minuten später stellt sich heraus, daß er die Nacht zuvor in der Bucht geankert hatte. Eigentlich kein sonderliches Wagnis, aber dennoch ziemlich überflüssig. In beiden Richtungen liegen an der Küste entlang, höchstens eine Stunde Fahrtzeit entfernt, sichere Häfen.

Der Skipper hält nicht viel von Häfen. Seine Yacht verfügt über keinen Motor und das Anlegen am Kai bei durchschnittlichen Windstärken von sechs bis sieben ist für einen Mann alleine nicht ganz einfach.

Letzte Nacht erweist sich das Fehlen eines zusätzlichen Antriebs als verhängnisvoll. Irgendwann am frühen Morgen wird der Skipper durch heftige Bewegungen seines Schiffes wach. Der Anker hat sich gelöst und die Yacht treibt steuerlos auf die Klippen zu. Das Setzen des Hauptsegels, der Versuch, auf diese Weise das drohende Unglück noch zu verhindern, kommt zu spät. Die Yacht läuft auf Grund und als die Ebbe einsetzt, kippt sie über den Kiel seitlich ab. Ein Fels durchbohrt die Bootswand und hinterläßt im Rumpf unterhalb der Wasserlinie ein häßlich klaffendes Loch von etwa einem halben Meter Durchmesser.

Und da sitzen sie nun. Der Mann und sein Boot. Das Segel hängt traurig im Wind. Nur das Windrad surrt noch immer friedlich vor sich hin, so als sei nichts geschehen. Um die Yacht herum sind die Habseligkeiten des Skippers verteilt. Seekarten, Nahrungsmittel, Kleider, alles wahllos durcheinander geworfen. Ein Abenteuer ist zu Ende.

Nachtrag: Zwei Tage später fahre ich wieder die Küste entlang. Die Yacht liegt, von hohen Wellen umspült, unverändert an derselben Stelle. Fast unverändert. Die Hoheitszeichen hat man inzwischen entfernt.

Freude an Entwicklung und Wachstum

Auf der Grundlage lerntheoretischer und psychoanalytischer Überlegungen hatten wir Risikoverhalten vor allem als Versuch betrachtet, mit Ängsten und deren Konsequenzen zurechtzukommen.

Mit der Einbeziehung der positiven Aspekte des Erlebens in der Aktion, ergeben sich weitere Perspektiven, die es nun möglich erscheinen lassen, unsere bisherigen Annahmen noch zu ergänzen.

Wenn die Faszination des Flow-Zustands von der Sehnsucht nach Erkennen und Verstehen herrührt, nach Struktur und Ordnung und in letzter Konsequenz nach Einfachheit und Sinn, dann könnte dieses Bedürfnis auch als grundlegendes Motiv an der Entstehung von Risikoverhalten beteiligt sein. Um uns klarer zu machen, was dies bedeutet, gehen wir noch einmal in die Kindheit zurück und versuchen, diesen Gedanken systematisch zu entwickeln.

Freude am Erwerb von Fähigkeiten und Wissen begleitet die gesamte frühe Entwicklung. Mit jedem einzelnen Schritt, mit jeder neuen Erfahrung, schafft der Säugling immer bessere Voraussetzungen, um sich in einer für ihn zunächst völlig fremden und unheimlichen Welt zurechtzufinden. Und jeder dieser Schritte löst in ihm unmittelbare Begeisterung und Freude aus: über den Gewinn an Sicherheit, über das Bewältigen von Angst, über den Erwerb von Lebenstüchtigkeit – kurz, über die eigene Entwicklung.

Nun könnte man annehmen, daß diese ursprüngliche Freude über die Fortschritte im täglichen Überlebenskampf nicht nur in den ersten Lebensjahren allen Menschen gemeinsam ist, sondern daß sie auch lebenslang erhalten bleibt. Das trifft aber nicht zu. Vielen Menschen scheint sie im Lauf der Zeit weitgehend verloren zu gehen. Weshalb dies so ist, und weiter, wodurch sich manche Menschen diese Freude bewahren können, andere aber wiederum nicht, sind wichtige Fragen, die es sich lohnt, genauer zu untersuchen.

Entwicklung als Grundlage von und Voraussetzung für Überleben ist mehr als nur eine Anhäufung und Systematisierung von Wissen. Sehr früh schon wird dieses Wissen zu einem konkreten Mittel, das eingesetzt werden kann und muß, um Handlungskompetenz zu erwerben. Die Fähigkeiten, deren Aneignung ursprünglich von Freude begleitet wurde, werden nun *Mittel zum Zweck*. Mit ihnen erwirbt man ein weiteres Stück Lebenstüchtigkeit, was zwar eigentlich erstrebenswert ist, aber in der Folge auch Nachteile mit sich bringen kann.

Denn diese Fähigkeiten werden, lerntheoretisch betrachtet, verstärkt. Das Kind, das mit Messer und Gabel umzugehen lernt und darauf zunächst stolz ist und Genugtuung verspürt, wird für diese Fähigkeit von den Eltern belohnt. Und nicht nur für dieses, sondern auch für jedes andere erwünschte Verhalten.

Etwas richtig zu machen, Erwartungen zu erfüllen und dafür belohnt zu werden, ist nicht nur für Kinder angenehm. Wer freut sich nicht, wenn eine bestimmte Handlung das erwünschte Ergebnis bringt, wenn man Zuwendung bekommt, gelobt oder in anderer materieller oder ideeller Weise verstärkt wird. Aber Belohnungen haben auch einen entscheidenden Nachteil. Sie können unter bestimmten Umständen unsere *intrinsische Motivation* zerstören, also unsere innere, aus uns selbst herauskommende Freude an der Beschäftigung mit einer – wie auch immer gearteten – Aufgabe.

Wie ist das zu verstehen? Stellen Sie sich einfach ein Kind vor, das aus reiner Freude an der Sache, und ohne dafür in irgendeiner Weise belohnt zu werden oder jemals dafür belohnt worden zu sein, mit Hingabe und in Selbstvergessenheit eine Uhr zerlegt. Sie können davon ausgehen, daß es in diesem Augenblick intrinsisch motiviert ist. Es macht das, was es macht, aus ursprünglicher Neugier und Freude und würde auch in Zukunft alles Neue und Aufregende genau erforschen. Wenn, ja wenn da nicht die Sache mit der Verstärkung wäre!

Denn jede noch so gut gemeinte Belohnung, jedes Lob und jede liebevolle Umarmung nach den ersten Gehversuchen, nach der Lösung einer Rechenaufgabe oder nach einer geglückten Schularbeit erweckt in uns den Wunsch nach mehr Zuwendung, nach mehr Geschenken und nach mehr... mehr... mehr... Und irgendwann droht unser internes Bewertungssystem zu kippen. Dann könnte uns die Tafel Schokolade, der neue Fußball oder der 100-Mark-Schein mehr bedeuten als die innere Freude und Genugtuung über die Auseinandersetzung mit einer Aufgabe.

Wir können davon ausgehen, daß dieser Fall tatsächlich bei vielen Menschen eintritt. Der frühe Verlust der Freude an Entwicklung und Wachstum dürfte teilweise auf eben diesen Mechanismus zurückzuführen sein. Wenn Belohnung an die Stelle von innerer Genugtuung und Freude tritt, brauchen wir uns nicht zu wundern, wenn das Befriedigen der Neugier und das Erforschen der Welt der Aneignung von instrumentellen Fähigkeiten zum Erwerb von Bonbons weichen muß.

Aber davor sind wir alle nicht gefeit. Weder als Kinder, noch als Erwachsene. Nehmen wir als Beispiel den unbekannten Maler, der nach langer Durststrecke und völliger Hingabe an seine Arbeit plötzlich Erfolg hat, lerntheoretisch ausgedrückt also verstärkt wird. Manche, denen es so ergangen ist, haben einen Teil ihrer Kreativität und ihrer Freude verloren – die eigentlichen Quellen ihres Schaffens – und in der Folge nur noch das produziert, was die Öffentlichkeit von ihnen erwartete, was ihnen materielle Verstärkung verschaffte. Auf diese Art konnten sie zwar ihrer existentiellen Bedrohung entfliehen, glücklicher wurden die meisten von ihnen dadurch aber nicht.

Fassen wir kurz zusammen: Als einen möglichen Grund für den Verlust der Freude an Entwicklung und Wachstum haben wir die verhängnisvolle Wirkung von Belohnung auf das interne Bewertungssystem identifiziert.

Dies ist aber noch nicht alles. Eine zweite Ursache könnte darin liegen, daß der Erwerb von Wissen über ein bestimmtes Maß hinaus auch mit Angst besetzt sein kann. So wie es etwa bei Menschen der Fall ist, die in geradezu fanatischer Weise ihren Standpunkt verteidigen. Sie lassen keine andere als die eigene Meinung gelten, weil sie sich in den Grenzen ihrer Vorstellungen von der Welt oder vom Leben am sichersten fühlen. Jede neue Information, jedes zusätzliche Wissen könnte sie in eine existentielle Krise stürzen, wenn damit die alte Ordnung, die alten Werte ihre Gültigkeit verlören. Entwicklung, als das Ergebnis von Wissenszuwachs, wird von vielen Menschen, die Angst vor Veränderungen haben, nicht nur nicht angestrebt, sondern im Gegenteil sogar verhindert. Sie versperren sich, so könnte man sagen, gegen alles, was das eigene Bild in Frage stellen oder sogar zerstören könnte.

Und unter Selbstschutzaspekten betrachtet, kann dies sogar eine vernünftige Haltung sein. Denn je mehr Wissen man sich aneignet, desto komplexer und komplizierter wird die Welt. Die Vorstellungen, die man sich bisher gemacht hat, reichen dann nicht mehr aus, sie zu erklären. Das Ergebnis könnte Desorientierung, Unsicherheit und Angst aufgrund von Zuviel-Wissen sein. Was also tun, außer den Erkenntnisprozeß stoppen und keine neuen Informationen mehr annehmen? Alle neuen Informationen so zurechtbiegen, daß sie in das alte Weltbild hineinpassen? Oder nur die Informationen annehmen, die dem alten Bild entsprechen? Wissensaneignung wird dann, für welchen dieser Wege man sich auch entscheiden mag, zur Aneignung von instrumentellen Fähigkeiten, um mit dem vorhandenen Wissen umgehen beziehungsweise es anwenden zu können. Mit Wachstum, der Integration von neuem Wissen in vorhandene Strukturen und deren Weiterentwicklung hat das nichts mehr zu tun.

Und dennoch ist verständlich, weshalb sich so viele Menschen auf diese Weise versperren und damit auch ihre Freude an Wachstum und Entwicklung verlieren: Es ist die Angst vor der Überforderung und dem Gefühl von Unvollkommenheit, vor der Ohnmacht und Orientierungslosigkeit, die sich immer dann einstellen könnte, wenn neue Informationen und neues Wissen die alten Vorstellungen und Bilder von der Welt gefährden und man sich außerstande sieht, sie sinnvoll weiterzubearbeiten und damit seine Entwicklung voranzubringen.

Kehren wir zu unserem Ausgangspunkt zurück. Wodurch unterscheiden sich nun Risikosucher und all die anderen Menschen, die sich die Freude an ihrer Entwicklung bewahrt haben, von denjenigen, denen diese Fähigkeit abhanden gekommen ist? Sind sie in ihrer Kindheit weniger belohnt worden? Ist ihre Auffassungsgabe oder ihre Verarbeitungskapazität weiter entwickelt?

Wir wissen es nicht. Wir wissen noch nicht einmal, ob die Freude am Flow überhaupt etwas mit der kindlichen Freude über die eigene Entwicklung zu tun hat, denn auch dies war nur eine Vermutung. Aber wir können, wenn wir weiter von dieser Annahme ausgehen wollen, versuchen, unsere bisherigen Überlegungen zum Ausgangspunkt für Hypothesen darüber zu machen, welche Bedingungen die Aufrechterhaltung der kindlichen Freude an Entwicklung und Wachstum unterstützen.

Wenden wir uns zu diesem Zweck nochmals der Frage der Motivation zu. Wir hatten festgestellt, daß Kinder für den Erwerb von Fähigkeiten verstärkt werden, und wir können annehmen, daß alle Kinder, unabhängig von Erziehungseinflüssen, den Wert von Belohnung für die eigene Motivation sehr früh zu schätzen lernen. Was dies betrifft, gibt es also zunächst einmal keine Unterschiede.

Unterschiede könnten aber sehr wohl in der Art und Weise bestehen, wie Eltern und die weitere Umgebung auf die Aktivitäten des Kindes reagieren. Verstärken sie den Prozeß der Lösungsfindung oder verstärken sie das Ergebnis? Wenn sie ausschließlich das Ergebnis verstärken, dürfte die intrinsische Motivation, also die Neugier, das Erkenntnisbedürfnis des Kindes, nicht sehr lange erhalten bleiben. Das Kind freut sich dann nur darüber, daß es das Ergebnis liefert, das eine gewünschte Belohnung nach sich zieht. Wie es aber zu diesem Ergebnis kommt, spielt keine Rolle. Und, genauso wichtig: Es muß sich auch nicht dafür interessieren, womit es sich beschäftigt. Bei der Lösungsfindung beschränkt es sich also auf die Anwendung intellektueller oder sonstiger Fähigkeiten, seine emotionale Beteiligung bleibt dahinter zurück. Menschen, die sehr leistungsfähig und erfolgreich sind, aber keinerlei Freude und Interesse an den inhaltlichen Aspekten ihrer Tätigkeit haben, können ein gutes Beispiel für diese Art von Verstärkung abgeben: Sie sind ausschließlich *ergebnisorientiert*.

Anders könnte es bei Kindern sein, die frühzeitig den Wert einer *Prozeßorientierung* erfahren. Ihre Eltern geben ihnen Zuwendung allein schon für die Beschäftigung mit Aufgaben und nicht erst für das erwünschte Ergebnis. Diese Erziehungshaltung unterstützt also die ursprüngliche Neugier und das Erkenntnisinteresse. Die Folge ist, daß die Kinder ihre Freude nicht nur aus dem Resultat ihres Verhaltens ziehen können, sondern auch aus dem Verhalten selbst, also zum Beispiel aus dem Prozeß einer Problemlösung.

Was bedeutet nun Prozeßorientierung im weiteren Sinn und welche Schlüsse können wir aus der Annahme einer starken Prozeßorientierung bei Risikosuchern für unsere Fragestellung ziehen?

Zunächst erzeugt die Auseinandersetzung mit einer Aufgabenstellung oder einem Problem in uns immer einen Spannungszustand, der mit körperlicher Erregung einhergeht. Dieser Zustand ist um so ausgeprägter, je stärker wir uns mit dem Problem identifizieren, beziehungsweise je größer unser

Wunsch ist, es zu lösen. Viele Menschen empfinden diesen Spannungszustand als unangenehm und möchten ihn deshalb möglichst schnell beenden. Und das tun sie in der Regel dadurch, daß sie die erstbeste, halbwegs passende Lösung akzeptieren und damit die Spannung auflösen.

Anders hingegen diejenigen, die Befriedigung auch aus dem Prozeß der Problemlösung selbst gewinnen. Sie sind nicht nur fähig, Spannungszustände länger zu ertragen, sondern vermutlich ist es sogar die Spannung selbst, die sie dazu motiviert, in dem Spannungssystem zu verbleiben und nach besseren Lösungen zu suchen. Wenn dies tatsächlich zutrifft, wenn also Prozeßorientierung nicht nur das Ergebnis von Erziehungseinflüssen ist, sondern auch etwas mit der Spannung zu tun hat, die die Problemsituation erzeugt, dann fragt sich, woher diese positive Bewertung einer körperlichen Erregung – denn um nichts anderes handelt es sich auf physiologischer Ebene – kommt.

Entwicklung, wie sie bei Kindern ganz selbstverständlich Tag für Tag stattfindet, bedeutet immer, Wissen und Fähigkeiten zu ergänzen und weiter auszudifferenzieren. Die Konfrontation mit Neuem ist aber, sofern das Kind noch nicht weiß, ob es den Anforderungen auch gewachsen ist, mit Angst verbunden. Was der Organismus tut, wenn er eine Überforderung befürchten muß, wissen wir. Er stellt dem Körper die nötigen Energien zur Verfügung, um gegebenenfalls die Flucht einschlagen oder sich zum Kampf stellen zu können. Mit anderen Worten: Sobald das Kind hinter einer unbekannten Situation eine Gefahr oder Bedrohung vermutet, antwortet sein Organismus mit einer Aktivierungsreaktion, wie sie für Streßsituationen typisch ist.

Das Erforschen von Neuem ist aber nicht nur mit einer Aktivierung des Organismus verbunden. Immer dann, wenn das Kind neue Anforderungen bewältigt, reduziert es damit gleichzeitig auch seine Angst vor dieser Situation und erlangt neues

Wissen und neue Fähigkeiten. Und jeder dieser Schritte löst in dem Kind auch Freude und Glücksgefühle über das neuerliche Besiegen der Angst und über die damit verbundene Entwicklung aus.

Auf die wesentlichen Komponenten dieses Prozesses reduziert, bedeutet dies, daß das Kind im Laufe seiner frühen Entwicklung immer wieder Freude und Glück im Zusammenhang mit einer Aktivierung seines Organismus erfährt. Und diese Verbindung hat Konsequenzen. Man kann sich vorstellen, daß das Ansteigen der Aktivierung in Verbindung mit positiven Erfahrungen irgendwann zum Signal dafür wird, daß Wohlgefühl zu erwarten ist und daß als dessen Folge die Aktivierung selbst als angenehm erlebt wird.

Lerntheoretisch könnte man bei diesem Lernprozeß von einer *klassischen Konditionierung* sprechen. So wie der Speichelfluß des Hundes in dem erwähnten Experiment von Pawlow nach einigen Durchgängen bereits durch das Klingelzeichen alleine ausgelöst wurde, wird in unserem Fall die emotionale Reaktion, also die Freude oder das Wohlbefinden, durch den Anstieg der Aktivierung vermittelt.

Diese positiven Erfahrungen mit einem erhöhten Aktivierungszustand sind fester Bestandteil der kindlichen Entwicklung. Alle Kinder erleben die wohltuende Erregung und Spannung, wenn sie mit viel Geduld versuchen, das Eßbesteck richtig zu benutzen, Bauklötze aufeinanderzustellen oder ein Puzzle zusammenzusetzen.

Bei Kindern, die in ihrer Entwicklung eine starke Zielorientierung erfahren, dürfte aber das Wohlbefinden im Problemlösungsprozeß selbst nach und nach der Befriedigung weichen, die sie aus dem Erreichen des angestrebten Zieles erlangen, also zum Beispiel dann, wenn die Sandburg fertig vor ihnen steht. Die Folge ist, so vermuten wir, daß bei ihnen später nur noch Reste des lustvollen Erlebens höherer Aktivierung vorhanden sind. Sie könnten sich beispielsweise beim Ansehen eines Krimis oder bei der Fahrt mit der Achterbahn bemerkbar machen.

Etwas anders stellt sich dieses Geschehen bei prozeßorientierten Kindern dar. Sie werden für ihr Verhalten quasi doppelt entschädigt: Zum einen gelangen sie durch ihre Neugier und ihren Wissensdurst immer wieder in Aktivierungszustände, die sie als wohltuend und anregend empfinden, werden also intrinsisch verstärkt. Zum anderen bekommen sie dafür, daß sie sich so intensiv mit einer Problemstellung auseinandersetzen, auch noch externe Verstärkung in Form von Aufmerksamkeit, Zuwendung und Belohnungen.

Längerfristig wird sich bei manchen von ihnen – vermutlich auch in Abhängigkeit von gewissen genetischen Voraussetzungen und einschlägigen Lernerfahrungen – das persönliche Aktivationsniveau als Ergebnis der geschilderten Entwicklungsbedingungen erhöhen. Sie werden ein deutliches Verlangen spüren, immer wieder Situationen aufzusuchen, in denen sie Wohlbefinden und Freude durch eine erhöhte Aktivierung herstellen und gleichzeitig ihr Leistungsvermögen unter Belastungsbedingungen überprüfen können.

Daraus nun aber zu schließen, daß damit auch schon der Weg zum Risikoverhalten vorprogrammiert wäre, ist natürlich nicht möglich. Eine Prozeßorientierung als grundlegende Haltung den Anforderungen gegenüber könnte zwar nach unseren Annahmen eine wichtige Voraussetzung für Risikoverhalten sein, aber ganz sicher keine hinreichende. Viele, die in ihrer Kindheit den Wert einer Prozeßorientierung zu schätzen lernten, werden ihre Neugier, ihren Wissensdrang in ganz anderen Tätigkeiten befriedigen als in Risikoverhalten. Sie werden sich Herausforderungen suchen, die ihren Interessen und Fähigkeiten entsprechen. Sie werden, wenn sie schöpferisch oder wissenschaftlich tätig sind, die Erregung genießen, die jeden kreativen Akt begleitet, und sie werden viel Wert auf relative Unabhängigkeit und Freiheit bei der Gestaltung dieser Tätigkeiten legen. Gleich welchen Weg sie im einzelnen wählen, er wird mit Sicherheit sowohl von weiteren Lernerfahrungen, aber auch von persönlichen Begabungen bestimmt sein.

Wir haben viele Hypothesen aneinandergereiht, und wir sollten uns abschließend noch einmal unsere Annahmen in ihren Grundzügen vergegenwärtigen und ein Fazit ziehen.

Wir waren davon ausgegangen, daß die Freude, die Risikosucher beim Ausüben ihrer Aktivität empfinden, nicht nur vergleichbar ist mit der kindlichen Freude über Entwicklung und Wachstum, sondern daß sie darin sogar ihren eigentlichen Ursprung hat. Risikosucher scheinen Menschen zu sein, die sich diese Freude aufgrund bestimmter Entwicklungsbedingungen bewahren und den hemmenden Einflüssen einer ausschließlich auf das Ziel hin ausgerichteten Sozialisation widerstehen konnten.

Entgegen unserer aktivationstheoretischen Annahmen suchen sie nicht Spannung und Reizvariation um ihrer selbst willen. Körperliche Erregung ist nicht nur ein Zustand des Organismus, sie hat auch eine psychische Qualität. Motiv für das Aufsuchen von Situationen mit einem hohen Erregungspotential ist also nicht die Erregung per se, sondern die positiven Assoziationen, welche mit einem hohen Erregungszustand verbunden sind. Sie stehen für einige zentrale Momente der kindlichen Entwicklung: für das Befriedigen der Neugier, das Überwinden von Angst, das Bewältigen von Herausforderungen, das Ausüben von Kontrolle und das Erlangen von Sicherheit. All dies ist Ausdruck der Freude über die eigene Entwicklung und über das Erlangen von Lebenstüchtigkeit.

Mit diesen Überlegungen werden die verschiedenen anderen Erklärungsmodelle keineswegs hinfällig. Natürlich haben Risikoaktivitäten etwas mit Angstbewältigung zu tun. Wahrscheinlich gibt es auch einige Risikosucher, die tatsächlich diesen ganz speziellen Weg zur Kompensation ihrer kindlichen Traumata und der daraus hervorgegangenen Ängste gewählt haben.

Aber diese Bedingungen alleine waren mit Sicherheit nicht ausschlaggebend. Zu viele Menschen leiden heute unter neurotischen Ängsten; und eine gestörte Haltung gegenüber dem Selbstwert war vermutlich noch nie so verbreitet wie in unserer Zeit. Und dennoch gibt es, gemessen an der Gesamtzahl derer, auf die diese Voraussetzungen zutreffen, nur eine verschwindend geringe Anzahl von Menschen, die diese Defizite, wenn sie denn bestehen, mit Risikoverhalten auszugleichen versuchen. Andere Ursachen, die im ganz individuellen Lebensweg jedes einzelnen begründet sind, die mit seinen Entwicklungsbedingungen, mit Erziehungsstilen, mit Werthaltungen und dem Vorbild der Eltern zu tun haben, dürften mindestens ebenso wichtig gewesen sein.

Vielleicht ist aber auch das Gemeinsame in ihrer Entwicklung die Zeit, in der sie erstmals erfahren haben, daß ihnen das Glück nicht in den Schoß gelegt wird, sondern daß sie Anstrengungen und Mühen auf sich nehmen müssen, wollen sie es erlangen. Mit dem Annehmen und Bewältigen ihrer ersten großen Herausforderungen haben sie die innere Erregung, die Freude und die Erfüllung kennengelernt, die sich immer dann einstellten, wenn ihnen diese unheimliche und fremde Welt wieder etwas von ihren Geheimnissen offenbarte und für sie damit vertrauter, berechenbarer und kontrollierbarer wurde.

Und wie auch immer es ihnen gelungen sein mag, dieses Wissen zu bewahren, sie haben auf jeden Fall einen Weg gefunden, sich Freude und Glück in dem Maß zu verschaffen, wie sie es wünschen.

Mößling, am 26. Juni 1982

Eine Verabredung ist an sich keine besonders aufregende Angelegenheit. Normalerweise!

Wenn aber der, den man treffen will, als Erkennungsmerkmal einen Fallschirm auf dem Rücken trägt und wenn das Rendezvous in 3000 Meter Höhe und bei 170 Stundenkilometern stattfinden soll, dann ist das schon etwas ungewöhnlich. Zumindest für mich. Denn es ist mein erster Versuch, solches zu bewerkstelligen.

Als die Hupe ertönt, die den Endanflug ankündigt, machen wir uns fertig. Ich bin, nachdem meine Angst immer mehr der unbändigen Lust am Springen und all den kleinen und großen Thrills und Sensationen gewichen war, heute wieder ziemlich aufgeregt. Mein erster Relativ-Sprung steht an.

Einerseits freue ich mich schon seit Wochen auf diese Begegnung mit einem anderen Springer im freien Fall, andererseits löst aber schon der Gedanke an das, was mich da draußen erwartet, einen Adrenalinstoß nach dem anderen aus. Was ist, wenn wir zusammenstoßen? Werden wir uns beim Ziehen nicht gegenseitig behindern? Reichen meine Fähigkeiten überhaupt schon für solch ein gewagtes Unternehmen aus?

Vorsichtshalber habe ich mir einen erfahrenen Partner ausgesucht. Sepp hat mehr als 1500 Sprünge hinter sich und gilt als sehr besonnen. Ihm kann ich mich anvertrauen!

Als er aus der Maschine klettert und seine Absprunghaltung unter der rechten Tragfläche einnimmt, bin ich noch mit den letzten Kontrollen beschäftigt. Ich ziehe die Gurte fest, lasse die Pins am Haupt- und am Reserveschirm von einem Mitflieger überprüfen und gehe in Gedanken noch einmal das vereinbarte Programm durch.

Dann zeigt mein Partner an, daß wir unseren Absprungpunkt erreicht haben. Ich fasse mit beiden Händen nach den Türholmen und beginne, rhythmisch zu schaukeln. Wir wollen die Maschine gleichzeitig verlassen – er vom Trittbrett aus in aufrechter Haltung, ich von innen mit dem Kopf voraus. Nach einem letzten Kontrollblick nach unten zählen wir den Exit gemeinsam ein:

Ready... Set... G o o o

Mein Absprung ist so vehement, daß ich einen Augenblick lang befürchte, Sepp zu rammen. Ich ziehe instinktiv den Kopf ein – und überschlage mich vorwärts. Nachdem ich mich stabilisiert habe, sehe ich meinen Partner etwa fünf Meter schräg unter mir liegen. Ich ziehe Arme und Beine etwas an, gehe in die Froschlage über, um meinen Luftwiderstand zu verringern. Der Höhenunterschied zwischen uns ist schnell ausgeglichen. Dann beginne ich mit dem vereinbarten Programm.

Ich strecke die Beine etwas und fliege langsam auf Sepp zu. Als ich ihn erreicht habe, ziehe ich meine Beine wieder an und fliege rückwärts von ihm weg. In etwa fünf Meter Entfernung mache ich eine 360-Grad-Drehung nach links und fliege ihn erneut an. Er hat in der Zwischenzeit eine 180-Grad-Drehung gemacht, so daß ich diesmal an seinen Füßen andocke. Ich löse den Kontakt wieder, drehe mich ebenfalls um 180 Grad und kehre zu meiner Ausgangsstellung zurück.

Nach einem weiteren Kontakt fliege ich wieder rückwärts von ihm weg und mache einen Salto. Ich versuche zwar danach den Höhenunterschied auszugleichen, liege aber dennoch etwas zu hoch, als ich zum vierten Mal auf ihn zufliege. Gerade als ich nach seinen Händen greifen will, sind sie verschwunden. Durch den leichten Höhenunterschied zwischen uns gerate ich über ihn, habe plötzlich kein Luftkissen mehr unter mir – und purzle auf seinen Rücken.

Der Schreck scheint mir noch immer ins Gesicht geschrieben zu sein. Jedenfalls grinst mich Sepp lausbübisch an, als ich endlich wieder stabil liege. Der wird doch nicht etwa meinen Absturz provoziert haben? Wie auch immer, bevor ich ihn ein weiteres Mal anfliegen kann, winkt er ab. Zeit zum Ziehen. Ich mache eine halbe Drehung und flashe von ihm weg. Schräg unter mir sehe ich, wie er seinen Schirm auslöst. Erst dann ziehe ich selbst.

Eigentlich bin ich kein Schreihals (stimmt nicht – zumindest beim Springen schreie ich doch ständig!). Als ich aber am Schirm hänge, meine Spannung sich langsam löst und ich die letzten 40 Sekunden noch einmal Revue passieren lasse, kann ich nicht anders als lauthals zu jubeln. Mein erster Relativ-Sprung. Jetzt weiß ich endlich, warum die Springer vom Fliegen reden und nicht vom Fallen.

Denn es ist Fliegen pur, wenn man mit 170 Stundenkilometern auf die Erde zurast, wenn man durch kleinste Bewegungen mit dem Oberkörper, den Schultern, den Armen, den Beinen, ja selbst mit den Händen und den Füßen die Richtung, die horizontale und die vertikale Geschwindigkeit verändert. Und das erfährt man erst durch den Partner, den Bezugspunkt in der Luft. Ohne ihn fällt man, mit ihm aber fliegt man – ohne irgendwelche Hilfsmittel! Der Traum der Menschheit erfüllt sich für eine kleine Ewigkeit von ein paar Sekunden.

Stunden später rolle ich gemütlich in einer Endlosschlange nach München zurück. Kein Gedanke an die riskanten Überholmanöver, die ich sonst so liebe, an die Muskelspiele mit gestreßten Großstädtern. Nur Friedfertigkeit, Ruhe und stilles Glück. Und immer wieder die Bilder dieses ereignisreichen Tages vor Augen, den Geruch von frisch gemähtem Gras und Maschinenöl in der Nase.

4. Kapitel

Wie sie von ihrer Leidenschaft profitieren

Wir können natürlich nicht davon ausgehen, daß Risikosucher immer mit so viel Ruhe und Ausgeglichenheit für ihr Engagement belohnt werden, wie es sich am Ende des letzten Kapitels andeutete. Andererseits scheint es aber tatsächlich eine Verbindung zu geben zwischen der enormen körperlichen und psychischen Belastung während der Aktion sowie dem stillen Glücksempfinden und der Gelassenheit, die sich danach einstellen.

An unsere Gedanken zum Flow anknüpfend, können wir dieses Phänomen als Ausdruck eines tiefen Einsseins mit sich selbst begreifen. Durch das hohe Maß an Konzentration, das zur Bewältigung der Herausforderung nötig war, hat man wieder Ordnung in sein Bewußtsein gebracht. Und dies hat unmittelbare Folgen. Man weiß, wer man ist, muß sich nicht mehr beweisen, niemandem etwas vorspielen und sein Selbstbild auch nicht mehr gegen Angriffe von außen verteidigen.

Ein traumhafter Zustand, mögen Sie jetzt denken. Wenn sich das doch nur auf das normale Leben übertragen ließe, wenn es zum Dauerzustand werden könnte, wären Sie aller Probleme enthoben. Sie bräuchten nur Bergsteigen, Fallschirmspringen oder Drachenfliegen, um die Last des Alltags abzulegen, müßten keine Rollen mehr spielen und könnten endlich der sein, der Sie wirklich sind.

Aber ganz so einfach ist es leider nicht. Sie können getrost davon ausgehen, daß auch viele Risikosucher in ihrem Alltag die »Muskelspiele mit gestreßten Großstädtern« begeistert mitmachen.

Mit einem Transfer derart, daß Risikoverhalten längerfristig zu mehr Ausgeglichenheit, Ruhe und Gelassenheit führt, ist also nicht zwangsläufig zu rechnen. Dazu bedarf es schon mehr. In dem Maß aber, in dem Risikosucher auf ihr Befinden achten, die Bedingungen und Voraussetzungen für das Erleben von Glück und Freude erkennen und lernen, sie auf andere Lebensbereiche anzuwenden, haben sie tatsächlich eine gute Chance, von der Risikoaktivität sekundär zu profitieren und einen Teil der Ruhe und der Ausgeglichenheit auch auf ihren Alltag zu übertragen.

Aber nicht nur dieser Aspekt läßt den Schluß zu, daß Risikoverhalten einen wesentlichen Einfluß auf die gesamte Lebensgestaltung haben könnte. Mit weiteren wollen wir uns in den folgenden Abschnitten beschäftigen. Dabei wird es zunächst um die Zusammenhänge zwischen Angstbewältigung und dem Erwerb von Fähigkeiten gehen. Anschließend überlegen wir uns, welche Konsequenzen das fortwährende Erleben von Angst in Extremsituationen haben kann, und betrachten Risikoverhalten abschließend unter dem Aspekt der Grenzerfahrung.

Kontrolle als Mittel der Angstbewältigung

Psychologische Erklärungsansätze sehen in Risikoverhalten den Versuch, eine tief in der Person verankerte Angst zu bewältigen. Durch die wiederholte Konfrontation mit Extremsituationen soll die Angst entweder überwunden oder zumindest die Sicherheit gewonnen werden, mit ihr leben zu können. Ob Risikoverhalten dies tatsächlich leisten kann, werden wir uns im folgenden überlegen. Voraussetzung hierfür ist aber, daß wir uns den Sinn und das Wesen von Ängsten nochmals vor Augen führen. Dazu ein Exkurs in die Phase des Lebens, in der wir unsere ersten Erfahrungen im Umgang mit dieser besonderen Gefühlsqualität machen.

Wenn wir uns die Versuche des Säuglings vergegenwärtigen, sich in der Welt zurechtzufinden, so erinnern wir uns daran, daß er zwar mit jeder neuen Erfahrung neues Wissen erwirbt und damit seinen Fundus an Fähigkeiten im Umgang mit den Tücken dieser Welt sukzessive erweitert, aber dennoch immer wieder an Grenzen stößt, an Grenzen, die seinen aktuellen Entwicklungsstand markieren. Die Folge der Konfrontation mit diesen Grenzen ist Angst, und zwar eine Angst, die, so spezifisch sie auch für die jeweilige Situation sein mag, in letzter Konsequenz immer das Gefühl ausdrückt, den Anfordungen des Lebens noch nicht gewachsen zu sein.

Während das Kind im Lauf seiner weiteren Entwicklung viele Widerstände zu überwinden lernt, muß es auch die Erfahrung machen, daß ihm nicht nur entwicklungsbedingte Grenzen gesetzt sind. Hinter jeder unbekannten Situation, die es aus Neugier und Wissensdrang erforscht, kann sich eine generelle Überforderung verbergen. Sei es, weil seine individuellen Fähigkeiten nicht ausreichen, sei es, daß damit die Grenzen dessen überschritten würden, was Menschen grundsätzlich zu leisten imstande sind.

Was für die Kindheit so charakteristisch ist, gilt für die Entwicklung des Menschen insgesamt. Das Begreifen der eigenen Begrenztheit löst in jedem Lebensalter Angst aus. Und so schmerzlich diese Erkenntnis sein mag, diese Angst ist unvermeidlicher Bestandteil unseres Lebens. Das wissen wir zwar, dennoch unternehmen wir immer neue Versuche, uns ihr zu entziehen. So suchen viele Trost im Glauben, andere wenden sich der Wissenschaft oder der Magie zu, und wieder andere versuchen sie einfach zu ignorieren.

Dabei wird oft übersehen, daß diese Angst nicht nur negative Merkmale hat. Sie ist auch unser Motor. Sie treibt uns dazu an, uns weiterzuentwickeln, neue Fähigkeiten zu erwerben, die Welt zu begreifen und zu beherrschen. Ohne sie wären wir gar nicht überlebensfähig. Mit ihr aber leiden wir ein Leben lang.

Diese Angst, die wir an anderer Stelle als Grundangst bezeichnet haben, ist uns nicht in jedem Augenblick bewußt. Wenn sie sich aber zu erkennen gibt, fühlen wir uns meistens um so hilfloser, niedergeschlagener und deprimierter. Weil wir ihr weder ausweichen noch sie bewältigen können, manifestiert sie sich häufig in konkreten Ängsten. Der Grund ist offensichtlich. Mit der Angst vor bestimmten Situationen oder Objekten kann man sich wenigstens auseinandersetzen. Mit ihr kann man leben, sie kann man nötigenfalls behandeln oder zumindest ihre Auslöser vermeiden.

So sind auch die Ängste, die durch Risikoverhalten stellvertretend abgebaut werden sollen, letztlich als Ausdruck dieser Grundangst zu verstehen. Ihr Ursprung kann in traumatischen Kindheitserlebnissen liegen oder in spezifischen Entwicklungsbedingungen, etwa einem Übermaß an elterlicher Fürsorge. Welchen Inhalts sie aber auch sein mögen, was ihr Thema ist oder wodurch sie ausgelöst werden: Eine unmittelbare Bewältigung im Sinn einer stellvertretenden Überwindung und Beseitigung durch Risikoverhalten ist nicht zu erwarten. Wer also glaubt, er könne seine Prüfungsangst durch ein paar Tauchgänge, Drachenflüge oder Fallschirmsprünge beseitigen, dem können wir keine Hoffnung machen. Davon gehen Risikosucher aber realistischerweise auch nicht aus. Was sie sich zunächst erhoffen, ist, daß sie die Angst in der Risikosituation selbst überwinden.

Aus lerntheoretischer Sicht wäre nun zu erwarten, daß die wiederholte Konfrontation mit Angstreizen im Sinn einer aktiven Vermeidung zu einer Löschung, also einer Beseitigung der Angst führen würde. Wie wir aber von Fallschirmspringern wissen – und wir haben Grund zu der Annahme, daß dies gleichermaßen auf andere Risikosucher zutrifft –, ist dies nicht der Fall. Zunehmende Erfahrung führt zwar zu einer Reduktion der körperlichen Erregung, jedoch bei weitem nicht in dem Maß, wie es aufgrund der veränderten subjektiven Einschätzung der Angst zu erwarten wäre.

Physiologisch betrachtet besteht somit die Angst weiterhin, ohne daß sie sich allerdings in unserem Empfinden in entsprechender Weise widerspiegelt. Während wir uns also häufig sogar im Flow befinden, dabei Freude und Glück verspüren, tut unser Körper so, als stünde im nächsten Augenblick der Kampf mit einem mächtigen Gegner an. Aber das ist auch gut so. Denn diese autonome Reaktion des Organismus verhilft uns zu zusätzlichen Energien, die eine Bewältigung von Streßsituationen erst möglich machen – zum Beispiel den Sprung aus den Wolken.

Angst ist also immer mit im Spiel, auch bei sehr erfahrenen Risikosuchern. Und wenn wir uns unsere Überlegungen zum Wesen von Ängsten nochmals in Erinnerung rufen, kann uns dies auch nicht verwundern. Denn die Angst, mit der sie es zu tun haben, ist nur vordergründig die Angst vor der Höhe, vor der Tiefe des Meeres oder vor der Geschwindigkeit. Tatsächlich verbirgt sich hinter ihr immer unsere Grundangst, also die Angst, den Anforderungen des Lebens nicht gewachsen zu sein, oder vielmehr die Angst vor dessen Folgen – in letzter Konsequenz, die Angst vor dem Tod.

Die Grundangst selbst, davon können wir ausgehen, ist generell nicht zu beseitigen. Dennoch kommt der Risikosucher seinem Ziel sehr nahe. Einer der wesentlichen Gründe, weshalb er mit zunehmender Erfahrung immer weniger Angst empfindet, dürfte darin liegen, daß seine sämtlichen Sinne in der Risikosituation ausschließlich auf Situationsbewältigung eingestellt sind.

Bei 180 Stundenkilometer im freien Fall, bei der Jagd durch die eisige Rinne einer Bobbahn oder beim Durchklettern einer überhängenden Wand wird der Risikosucher so stark von der Aufgabe in Anspruch genommen, daß er die Angst nicht mehr wahrnehmen kann, geschweige denn Zeit hat, über sie nachzudenken. Er ist derart stark mit der Koordinierung dessen beschäftigt, was er zum Überleben tun muß, daß seine Angst aus seinem Bewußtsein verschwindet. So paradox es klingen mag: Angst ist in der Risikosituation die Voraussetzung für die völlige Konzentration, und gleichzeitig ist sie im Augenblick der Konzentration nicht mehr existent.

So kann Risikoverhalten zwar die Angst an sich nicht beseitigen, aber sie sorgt dafür, daß der Risikosucher im Lauf seiner Karriere mit der Angst zu leben lernt. Denn trotz seiner starken körperlichen Erregung ist er in der Lage, sich den Anforderungen entsprechend zu verhalten und Kontrolle über die Situation auszuüben. Und genau das ist es ja, was Angst normalerweise so unerträglich macht: der Kontrollverlust, der mit Ängsten ab einer gewissen Intensität einhergeht und der sich auf der Gefühlspalette von Unwohlsein über Hilflosigkeit bis zur Panik steigern kann.

Risikosucher haben dieselbe Angst vor Kontrollverlust wie alle anderen Menschen. Wie Fallschirmspringer mit dieser Angst zu Beginn und im Laufe ihrer Karriere umgehen, beziehungsweise was sie tun, um sie zu beseitigen, wollen wir uns im folgenden etwas näher ansehen.

Da Wissen und Fähigkeiten von Fallschirmspringern bei ihren ersten Versuchen in diesem gefährlichen Metier noch nicht ausreichen, um während des Sprungs Kontrolle über den Verlauf auszuüben, fühlen sie sich der Situation zunächst mehr oder weniger hilflos ausgeliefert. Sie können nur darauf vertrauen, daß die Statistik, wonach bei Anfängern aufgrund des hohen Sicherheitsstandards beim Springen mit automatischer Auslösung selten etwas passiert, auch bei ihnen keine Ausnahme macht.

Ihr ausgeprägtes Sicherheits- und Kontrollbedürfnis befriedigen sie schon beim Packen ihres Fallschirms. Sie gehen dabei mit besonderer Akribie vor und beginnen beim geringsten Zweifel an der Korrektheit lieber noch einmal von vorne, als daß sie sich dem Risiko einer Störung bei der Öffnung des Schirmes aussetzen.

An einem anderen Merkmal kann man Anfänger schon von weitem auf einem Sprungplatz erkennen: am ständigen Üben bestimmter Bewegungsabläufe. Der Springer versucht, die richtige Haltung beim Absprung, während der kurzen Freifallphase und bei der Landung so stark zu verinnerlichen, daß er im Ernstfall nicht mehr darüber nachdenken muß. Denn das ist spätestens nach dem ersten Sprung jedem klar: Ein kontrolliertes Handeln wird ihm in dieser Phase seiner Karriere unter dem Eindruck der enormen Angst kaum möglich sein. Also müssen sämtliche Bewegungsabläufe, um etwaige Fehlreaktionen auszuschließen, so weit wie möglich automatisiert werden.

Der richtige Absprung, die Körperhaltung im freien Fall, Steuermanöver am Schirm und Landefall sind Basisfertigkeiten, die jeder Fallschirmspringer zu Beginn seiner Laufbahn erlernt. Nach den ersten erfolgreichen Sprüngen gewinnt er nicht nur mehr Vertrauen in seine Fähigkeiten und in seine Ausrüstung, sondern er macht auch neue Erfahrungen. Er nimmt den Sprung zusehends bewußter wahr, spürt Veränderungen seiner Fluglage und sieht irgendwann auch zum erstenmal die Erde, auf die er zurast. Zu diesem Zeitpunkt ist er zwar noch nicht in der Lage, Kontrolle über seinen Sprung auszuüben, aber er beginnt bereits damit, Veränderungen seiner Fluglage durch Gegenbewegungen auszugleichen.

Mit dem Wechsel von der automatischen zur manuellen Öffnung des Schirms beginnt ein neuer Abschnitt in der Karriere des Springers. Während er bisher lediglich das Flugzeug verlassen und die richtige Lage einnehmen mußte, ist er nun selbst für die Öffnung des Schirmes verantwortlich.

Viele Springer erleben diesen Augenblick als besonders befreiend. Nicht mehr auf Gedeih und Verderb von technischen Einrichtungen abhängig zu sein, bedeutet, mehr Kontrolle über die Situation erlangen zu können. Voraussetzung dafür ist allerdings, daß man seine Fähigkeiten den gestiegenen Anforderungen entsprechend weiterentwickelt.

Dazu gehört unter anderem, daß man lernt, den freien Fall zu kontrollieren. Eine Öffnung des Schirms in einer instabilen Fluglage, also beispielsweise während eines Überschlages, könnte zu einem Unfall mit unabsehbaren Folgen führen. Also muß man, nach einigen Sicherheitssprüngen, bei denen man den Schirm noch in der stabilen Phase unmittelbar nach dem Abgang auslöst, die Freifallzeit kontinuierlich verlängern. Und mit der Gewöhnung an die immer größer werdende Geschwindigkeit erlangt der Springer zunehmend Sicherheit in der Beherrschung seines Fluges. Er steigert die Freifallzeit auf zehn, auf zwanzig, vierzig, sechzig Sekunden und verbessert bei jedem Sprung sein Wissen und seine Fähigkeiten im Umgang mit immer neuen Anforderungen. Der ersten kontrollierten Drehung folgt der erste Salto, dann der erste Flash und, und, und...

In dem Maß, in dem der Fallschirmspringer lernt, Kontrolle über die Aktion auszuüben, verändert sich auch seine Einstellung gegenüber der Risikoaktivität und ihren Bewältigungsmöglichkeiten. Trug sie zu Beginn seiner Laufbahn noch geradezu fatalistische Züge nach dem Motto »Es wird schon schiefgehen«, wird sie mit jedem Annehmen einer neuen Herausforderung, mit jeder geglückten Aktion selbstsicherer und erfolgsorientierter. Dies bedeutet jedoch nicht, daß der Springer unvorsichtig wird und überhöhte Risiken eingeht. Er schätzt das kontrollierte Risiko und er verhält sich dementsprechend.

Der ersten Begegnung mit einem anderen Springer in 3000 Meter Höhe wird deshalb nicht beim nächsten Sprung der Flug in einer großen Formation folgen, sondern die schrittweise Annäherung an solche Herausforderungen. Irgendwann könnten dann seine Körperbeherrschung, sein Wissen und andere, für die Situationsbewältigung nötige Fähigkeiten so weit entwikkelt sein, daß er sich auch an die ganz großen Aufgaben heranwagen kann. Entscheidend hierfür wird aber sein, daß er nicht mehr von seiner Angst beherrscht wird, sondern in der Lage ist, die Kontrolle über die Situation auszuüben, und damit die Gefahren einzugrenzen.

Risikoverhalten ist, dies können wir als Fazit unserer Überlegungen festhalten, nicht geeignet, die Angst vor der Risikosituation zu beseitigen. Vielmehr ist es ein hervorragendes Mittel gegen die Angst vor der Angst. Durch den Erwerb von Fähigkeiten, die ein Kontrollieren der Gefahr ermöglichen, verliert die Angst ihren Schrecken. Als Risikosucher lebt man besser mit ihr, weil man gelernt hat, mit ihr umzugehen.

Und dieses Wissen kann Konsequenzen haben. Wir vermuten, daß sich die Bestätigung, die man in Risikosituationen erfährt, auch auf den Umgang mit Angst in anderen Lebensbereichen auswirkt. Wie dies konkret aussieht, würde den Rahmen dieses Buches sprengen. Sich aber immer und immer wieder mit Situationen zu konfrontieren, in denen man trotz Angst besteht, die Kontrolle behält, und auch unter massiver Belastung leistungsfähig ist, stärkt nicht nur das Selbstvertrauen in der

Risikosituation, sondern kann auch zu grundlegenden Veränderungen der Einstellung sich selbst und seinen Fähigkeiten gegenüber führen.

Die unmittelbare Folge wäre zwar nicht, daß damit auch Fixierungen an traumatische Kindheitserlebnisse ihre Wirkung verlören, Ängste verschwänden oder andere neurotische Störungen sich in Luft auflösten. Längerfristig könnte aber die Bereitschaft verstärkt werden, sich auch im Alltag vermehrt seinen äußeren wie inneren Ängsten zu stellen.

Und was dies für Konsequenzen für die persönliche Entwicklung des Risikosuchers haben könnte, werden wir uns als nächstes überlegen. So viel sei aber schon verraten: wesentlich mehr, als er sich von seiner Leidenschaft ursprünglich erhofft hatte.

Mößling, am 14. August 1982

Übermut kommt vor dem Fall!

Ich bin jetzt ein erfahrener Springer. Nicht nach dem Urteil anderer, sondern meiner eigenen Einschätzung nach! Ich habe inzwischen 50 Sprünge hinter mir und nach meiner Aufnahme in den Kreis der Flieger war jeder einzelne vollgepackt mit immer wieder neuen Thrills, neuen Sensationen. Der erste Hecht aus der Maschine, die ersten kontrollierten Salti, Drehungen, Flashs, Relativs und... und... und... alles, was ein Springerherz begehrt. Ich habe die Luft als mein Revier, als mein wahres Medium entdeckt. Hier fühle ich mich wohl und kann meinen Spieltrieb ungehindert befriedigen. Alles, was ich mir vornehme, gelingt auf Anhieb. Kein Gedanke mehr an meine anfänglichen Schwierigkeiten.

Nur das Fliegen macht mir zusehends Probleme. Zumindest die ersten paar Minuten. Nichts gegen unsere Piloten. Sie alle sind hervorragende Flieger. Aber sie scheinen eine besondere Freude daran zu haben, Springer zu quälen. Vor allem Peter, unser Starpilot! Wenn er am Knüppel sitzt, wird mir schon beim Einsteigen prophylaktisch übel. Seine Spezialität ist es, die Maschine beim Start so lang wie möglich am Boden zu halten, um dann mit voller Geschwindigkeit und wahnwitzigem Steigwinkel den Himmel anzubohren.

So auch jetzt, vor meinem 51. Sprung. Ich sitze, eingeklemmt zwischen zwei weiteren Springern, am Boden im hinteren Teil der Do und rechne jeden Augenblick damit, daß der Luftstrom unter den Tragflächen abreißt, wir ins Trudeln geraten... gleich muß es soweit sein... jetzt... Nein, doch nicht. Peter scheint mein inständiges Flehen gehört zu haben. Jedenfalls reduziert er den Steigwinkel und geht in eine gemäßigtere Flugbahn über. Das wäre überstanden. Noch ein, zwei Minuten, dann sind wir wenigstens hoch genug für einen Notsprung. Wirklich, er ist ein hervorragender Flieger! Aber er ist auch das, was wir in Bayern einen »wuidn Hund« nennen. Bei dem weiß man nie so genau!

Wir nehmen erst einmal erleichtert unsere Helme ab, nicken uns in stillem Einverständnis zu. Jetzt ist erst einmal Entspannung angesagt; das Schlimmste haben wir hinter uns! Ich mache es mir unter den beengten räumlichen Verhältnissen so bequem wie möglich und bereite mich in Gedanken auf meinen Sprung vor, ein Stilprogramm: Drehung 360 Grad links – Drehung 360 Grad rechts – Salto rückwärts – Drehung 360 Grad rechts – Drehung 360 Grad links – Salto vorwärts – Schluß.

In 2000 Meter Höhe mache ich mich bereit. Ich bin aufgeregt wie immer, mein Puls rast, aber ich fühle mich wohl, freue mich auf den bevorstehenden Sprung. Die letzten Kontrollen, noch ein Blick auf den Höhenmesser am Handgelenk, dann öffne ich die Tür und schaue hinunter. Ich habe noch etwas Zeit, also noch einmal: links – rechts – Salto rückwärts – rechts – links – Salto vorwärts. Ein paar tiefe Atemzüge, dann hechte ich hinaus.

Mein Programm gelingt mir sehr gut. Ich fliege die Drehungen schnell und exakt aus, und auch die Salti stimmen auf den Punkt. Als ich fertig bin, flashe ich noch ein paar Sekunden in Richtung Flugplatz. In etwa 1000 Meter Höhe gehe ich wieder in die Froschlage über. Eigentlich könnte ich jetzt ziehen. Quatsch – ich hab' noch Zeit! Übermütig beginne ich zu spielen: Ich lege die Arme an den Körper an, wippe, mache eine Rolle nach links, dann nach rechts. Was würde passieren, wenn ich beim Ziehen nur die rechte Hand nach innen nehme und die linke draußen lasse? Das werde ich gleich sehen.

Und dann geht's rund! Nicht vorbereitet auf das plötzliche Abkippen über die rechte Schulter, ziehe ich instinktiv den Kopf ein, gehe aus dem Hohlkreuz und überschlage mich. Jetzt bloß nicht auslösen! Aber ich hab' den Griff bereits in der Hand! Und schon ist's passiert.

Warum kommt er nicht? Was ist los? Er kann nicht! Die Hilfsschirmleine ist an meinem rechten Fuß hängen geblieben! Ich greife hinunter, löse sie und lasse den Hilfsschirm nach oben schnellen. Er saust um die bereits gestreckten Fangleinen, verfängt sich am Schirmpaket und ist dann endlich frei.

Aber nichts geschieht! Die Hilfsschirmleine hat sich um die Fangleinen gewickelt und blockiert die Öffnung. Ich starre entgeistert nach oben. Aha, so sieht das also aus unmittelbarer Nähe aus. Eine ähnliche Situation habe ich vor nicht einmal zwei Stunden durch das Fernglas beobachtet.

Ich muß in etwa 700 Meter Höhe sein. Drei Sekunden gebe ich mir – dann werfe ich den Hauptschirm ab und ziehe die Reserve! Ich greife mit beiden Händen in die Fangleinen und schüttle sie, um den Hilfsschirm zu lösen. Einundzwanzig... zweiundzwanzig... dreiundzwan... Er ist frei! Mit einem Knall öffnet sich der Schirm.

450 Meter zeigt mein Höhenmesser. Gutes Timing! Zufrieden steuere ich den Sprungplatz an und lande. Aufregung, Kopfschütteln, Schulterklopfen. Ich gebe bereitwillig Auskunft... und warte darauf, daß es endlich kommt. Gleich werden meine Knie anfangen zu zittern. Aber es passiert nichts. Das ist der Schock!

Eine halbe Stunde später sitze ich im Gras und gehe den Sprung noch einmal Phase für Phase durch. Das ist genau das, wovor ich immer Angst hatte: das Unwägbare, der Leichtsinn, die drohende Katastrophe. Und ich bin völlig ruhig. Du müßtest doch jetzt überglücklich sein, du hast deine zweite Geburtsstunde erlebt (Fallschirmspringer übertreiben immer etwas!). Aber ich bin nicht überglücklich, ich bin zufrieden – und verwundert.

Und dann passiert doch noch etwas. Ganz langsam. Meine Ruhe verwandelt sich allmählich in Freude. In Freude darüber, daß ich so ruhig, so konzentriert war, nicht durchgedreht habe, nicht panisch wurde – sondern genau das getan habe, was notwendig war. Und das in solch einer Situation! Meine Ängste, meine Phantasien darüber, was passieren, wie ich reagieren würde, wenn es zum Äußersten käme, haben sich nicht bestätigt.

Angsterleben als Moment der Selbsterfahrung

Angst ist ein merkwürdiges Phänomen. Einerseits mobilisiert sie die produktiven Kräfte des Menschen, ist somit die Triebfeder für Entwicklung und Fortschritt und in ihrer Funktion als Gefahrenschutz sogar letztlich die Voraussetzung für höheres Leben überhaupt.

Andererseits aber gibt es kaum einen anderen Gefühlsbereich, der ebenso negativ besetzt wäre. Angst zu empfinden, bedeutet immer, sich unwohl zu fühlen, überfordert und in seinem allgemeinen Lebensgefühl beeinträchtigt zu sein. Herzrasen, Schweißausbrüche, ein trockener Mund und andere vegetative Begleiterscheinungen sind typische Anzeichen dafür, daß man an die Grenzen seiner Bewältigungsmöglichkeiten gelangt ist. Denn genau darin zeigt sich der Kern der Angst: in dem Gefühl, die Situation und sich selbst nicht (mehr) kontrollieren zu können. Angst ist, so kann man generell feststellen, ein Zustand, den man nach Möglichkeit zu vermeiden trachtet.

Der drohende Kontrollverlust ist zwar die wichtigste, aber nicht die einzig unliebsame Komponente von Angst. Ein weiterer negativer Aspekt zeigt sich in ihrer geringen sozialen Akzeptanz. Zumindest in der männlichen Sozialisation spielt das Unterdrücken von Angst deshalb eine große Rolle. Männer haben keine Angst! Denn Angst wird immer mit Schwäche assoziiert. Angst zu zeigen – da unterscheiden wir uns nicht von Tieren, die die Überlegenheit des Gegners durch die Demutshaltung anerkennen – bedeutet, einer wie auch immer gearteten Anforderung nicht gewachsen zu sein. Ein Zustand, den wir vor uns selbst und besonders vor der Öffentlichkeit glauben, verbergen zu müssen.

So übergehen wir unsere alltäglichen Ängste, um ein Eingeständnis der eigenen Schwäche zu vermeiden, und hoffen, dabei nicht ertappt zu werden. Alles, was wir im Rahmen unserer Sozialisation erworben haben, setzen wir bedingungslos ein, wenn es denn nur geeignet ist, die Angst zu kaschieren. Selbst Aggressionen zu zeigen – ein beliebtes Mittel, Angst nicht nur zu überspielen, sondern auch zu unterdrücken – erscheint uns noch immer angemessener und erträglicher, als uns in der Angst zu offenbaren.

All diese Versuche, sich der Angst zu entziehen oder sie zumindest nicht öffentlich werden zu lassen, können mehr oder weniger erfolgreich sein. Allerdings nur insofern, als sie den Blick auf unser tatsächliches Empfinden versperren. Und oft genug nicht nur den von außen, sondern auch den der Innenperspektive, also unseren eigenen. Dabei könnte es sich lohnen, sich der Angst zu stellen und sie genauer zu betrachten.

Angst hat nämlich, neben den unliebsamen Aspekten, auch ihre positiven Seiten: Sich in seiner Angst zu erleben bedeutet, sich sehr nahe zu sein, sich zu »spüren«. Während wir normalerweise in jedem wachen Augenblick damit beschäftigt sind, uns mit den Augen der anderen zu sehen, um herauszufinden, welche Erwartungen an uns gerichtet sind, wie wir uns wann zu verhalten haben und welche Rolle gerade erwünscht ist oder erfolgreich sein könnte, ist der Zustand der Angst im Leben vieler Menschen einer der wenigen Momente der völligen Authentizität. Wenn wir massive Angst haben, ist unser äußeres Verhalten identisch mit dem inneren. Angst spielt man nicht, Angst hat man – oder um es noch präziser zu sagen: Angst ist man.

Seine Angst zu spüren, ist eine Erfahrung von existentieller Tiefe. Durch das Erleben der Angst wird der Mensch auf das zurückgeworfen, was er ist – jenseits von kulturellen, gesellschaftlichen und anderen Konventionen. Angesichts der unmittelbaren Empfindungen in der Situation und der möglichen sozialen Konsequenzen ist dies häufig ein schmerzvolles Erlebnis. Wer sich ihm dennoch stellt, die Angst erträgt und sich mit ihr beschäftigt, wird auch ihre positiven Aspekte kennenlernen und von ihnen profitieren.

Denn jedes Angsterleben im Sinn einer bewußten Auseinandersetzung mit sich bedeutet immer auch, mehr zu erfahren – davon, wer man wirklich ist, was man hinter meterdicken Mauern vor sich selbst und den anderen verbirgt. Dort, wo sich die Angst zeigt, können wir einen Blick auf den Kern unserer Seele werfen. Und mit dem Durchstehen der Angst erfahren wir nicht nur mehr über uns, sondern vollziehen jedesmal wieder auch ein Stück Entwicklung.

Psychische und geistige Entwicklung wird uns nicht geschenkt, sie fordert immer Anstrengungen und Mühen. Das Vermeiden der Angst, das Verleugnen hindert uns daran, diese existentielle Erfahrung zu machen. Wenn wir nicht sehen wollen, wie wir uns im Zustand der Angst offenbaren, sperren wir ein Stück von uns aus – von dem, was wir sind, und auch von dem, was wir sein könnten.

Und damit tun wir uns beileibe keinen Gefallen! Denn wenn wir unser Potential, all das, was an Möglichkeiten und Perspektiven in uns steckt, ausschöpfen und zu echter Selbstverwirklichung gelangen wollen, müssen wir andere Wege gehen. Eine Integration der unterschiedlichen, auch scheinbar widersprüchlichen Anteile unserer Person ist dabei unverzichtbar. Angst zu erleben, sie durchzustehen und konstruktiv zu verarbeiten, ist eine wesentliche Voraussetzung.

Risikosucher sind Menschen wie du und ich. Sie haben Angst, und sie zeigen sie ungern. Und wir können davon ausgehen, daß ihr Einstieg in den Risikobereich, von Ausnahmen abgesehen, nicht durch das Bewußtsein motiviert ist, Angsterleben könnte ihrer Persönlichkeitsentwicklung besonders zuträglich sein. Oft wird die Angst nur als negative Begleiterscheinung einer Aktivität betrachtet, die so viel Herausforderung, Anregung und Freude bietet, daß man offenbar bereit ist, selbst derart unerwünschte Konsequenzen in Kauf zu nehmen.

Aber, ob gewollt oder nicht, Risikosucher haben es bei der

Ausübung ihrer Aktivitäten mit Angst zu tun – sogar in außergewöhnlich hohen Dosen. Und dies bedeutet, daß sie sich mit den Seiten ihrer Person befassen müssen, die die meisten von uns am liebsten nicht wahrhaben, nicht sehen möchten. Spekulationen darüber anzustellen, welche weiteren Konsequenzen die Konfrontation mit der Angst für die Entwicklung des einzelnen hat, würde zu weit führen. Was wir aber generell annehmen dürfen, ist, daß Risikoverhalten unter dem Aspekt des Angsterlebens ein emanzipatorischer Schritt in Richtung auf Integration und Weiterentwicklung der unterschiedlichen Anteile der Person darstellen kann.

Die Karriere des Risikosuchers ist durch viele einzelne Etappen gekennzeichnet. Der erste Schritt, noch vor der eigentlichen Initiation, besteht oft in der gedanklichen Annäherung an die Risikoaktivität und die Auseinandersetzung mit dem, was auf ihn zukommen könnte: Wie wird es sein? Was kann dabei passieren? Werde ich es überhaupt schaffen? Und schließlich: Soll ich oder soll ich nicht?

Mit der Entscheidung, die Vorstellungsebene zu verlassen und in die Praxis zu gehen, wird die erste große Hürde genommen. Ausschlaggebend für diese Entscheidung sind die Attraktion durch die Risikosituation und das Vertrauen in die eigenen Fähigkeiten. Der Risikosucher schätzt den möglichen Gewinn höher ein als die Gefahr zu scheitern. Vorausgegangene Lernerfahrungen, die ihm entsprechende Sicherheit bei der Bewältigung von Angst vermittelt haben, mögen ihn in dieser Einschätzung unterstützen.

Bergsteigen, Extrem-Surfen, Tauchen und viele andere Risikoaktivitäten erlauben einen relativ gefahrlosen Einstieg mit entsprechend geringem Schwierigkeitsgrad. Anders hingegen ist es beim Fallschirmspringen. Den ersten Sprung in die Tiefe kann man nicht simulieren und eine Annäherung über geringe Sprunghöhen ist, sieht man von Sprungtürmen ab, wie sie beim Militär verwendet werden, auch nicht möglich.

So erleben die meisten Springer bereits beim erstenmal, wenn sie im Flugzeug sitzen und sich dem Absetzpunkt nähern, ihre große Bewährungsprobe. Und manche sind damit auch bereits völlig überfordert. Einige unter ihnen berichten sogar, daß sie unmittelbar vor dem Sprung absolute Todesangst empfunden und mit der Entscheidung, ihn dennoch zu wagen, ihr Leben zur Disposition gestellt haben.

Bergsteigern, Tauchern, Drachenfliegern geht es nicht anders, sobald sie den kritischen Punkt ihrer Selbstüberwindung erreichen. Sich für das Risiko zu entscheiden, und damit für Ungewißheit und vielleicht sogar für Scheitern, bedeutet, das Äußerste zu versuchen. Sein gesamtes Wissen und all seine Fähigkeiten muß der Risikosucher zur Bewältigung der Situation parat haben; aber er weiß auch, daß dies vielleicht nicht ausreichen wird. Und dennoch tut er es.

Die sind ja alle verrückt, mögen Sie wieder einmal denken – auch wenn Sie nach der Lektüre der bisherigen Kapitel schon einiges über Risikosucher erfahren haben. Vielleicht haben Sie aber dennoch recht.

Denn das, was Risikosucher mit dieser Entscheidung heraufbeschwören, ist die Konfrontation mit *Grenzen*. Grenzen, die sowohl in der Natur der Dinge liegen und damit in den prinzipiellen Bewältigungsmöglichkeiten durch den Menschen als auch in den individuellen Fähigkeiten des einzelnen.

Etwa die Schwerkraft zu überwinden, ist ohne Hilfsmittel nicht möglich. Aber selbst unter Verwendung eines Fallschirms oder eines Hängegleiters benötigt der Mensch bestimmte Fähigkeiten, ohne die er mit großer Sicherheit scheitern würde. Und um diese Fähigkeiten in der Situation entfalten zu können, muß der Risikosucher davon überzeugt sein, daß er der Herausforderung prinzipiell gewachsen ist. Oder anders ausgedrückt: Das Selbstbild des Risikosuchers, also seine Vorstellung oder sein Bild von sich selbst, muß eine Bewältigung der Situation möglich erscheinen lassen.

Grenzerfahrungen sind, wenn wir diesen Gedanken weiterverfolgen, solche Erfahrungen, in denen sich der Risikosucher mit den Grenzen seines Selbstbildes auseinandersetzen muß. Ein Gelingen ist möglich, aufgrund der subjektiven Bewertung und Einschätzung der eigenen Fähigkeiten sowie der objektiven Gefahren, jedoch nicht sicher. Und Scheitern könnte Verletzung oder sogar den Tod bedeuten.

Grenzerfahrungen sind somit Selbst-Erfahrungen. Erst durch das Aufsuchen der eigenen Grenzen erfährt man, wer man wirklich ist. Sich aus der beengenden Vorstellung vom Selbst zu lösen, über verschiedene Schwierigkeits- und Risikograde herauszufinden, was alles in einem steckt, bedeutet, immer weiter in die Schichten des Möglichen einzudringen. Seine tatsächlichen Grenzen auszuloten, jenseits der bisher erfahrenen Beschränkungen, heißt also, das eigene Selbstbild zu erweitern. Und diese Erfahrung ist von existentieller Tiefe. Durch sie können sich Perspektiven, Freiräume auftun, von denen man nichts ahnte, die man vielleicht auch nicht für möglich hielt.

Was uns in unserem Alltag häufig daran hindert, solche Erfahrungen zu machen, ist die Kontrollfunktion des Selbstbildes. Es ist nämlich unser strengster Zensor. Und als solcher handelt es nach ökonomischen Prinzipien. Es sorgt dafür, daß die vorhandene psychische Energie sinnvoll eingesetzt wird. Und das bedeutet: im Sinne unseres Selbstbildes. Wenn wir also unser Selbstbild tagtäglich gegen alle möglichen Anfeindungen verteidigen – ob durch schlichtes Ignorieren, durch einseitige, selektive Wahrnehmung oder durch andere Techniken, die ungeliebte Botschaft ungeschehen zu machen –, so ist dies zwar mit einem großen Energieaufwand verbunden. Weil dies aber zu unserem Schutz geschieht, sind wir bereit, den Aufwand zu leisten.

Was unser Selbstbild jedoch mehr fürchtet als alles andere, ist Veränderung. Als unser Finanzminister betrachtet es es als seine primäre Aufgabe, dafür zu sorgen, daß die Stabilität bewahrt bleibt.

Veränderungen und vor allem deren Folgen hingegen sind oft schwer kalkulierbar. Denn Veränderung bedeutet Unsicherheit, Risiko oder sogar Gefahr! Ob dabei der erhoffte Nutzen herauskommt, steht in den Sternen. Und wenn wir die Risiken schon nicht ausschalten, nicht absolut sicher sein können, auch den Gewinn zu erzielen, den wir uns vorstellen, dann lassen wir es und gehen lieber den sicheren Weg.

Dies ist zweifellos ein vernünftiger Standpunkt. Risikosucher sind jedoch, wie wir inzwischen herausgefunden haben, im landläufigen Sinn nicht immer vernünftig.

Und so haben sie die Chance, von ihrer vermeintlichen Unvernunft auch noch in ganz anderer Weise zu profitieren, als es ihren eigentlichen Zielvorstellungen und Intentionen entspricht. Zumindest längerfristig kann die ständige Konfrontation mit den Grenzen des Selbstbildes, das langsame aber stetige Herantasten an die Grenze des Machbaren, positive Effekte im Sinn einer Ausdehnung des eigenen Handlungsspielraums bewirken.

Wenn dies der Fall ist, wenn persönliche Entwicklung und Wachstum als Nebenprodukte von Risikoverhalten abfallen, dann haben Risikosucher wahrhaft allen Grund, sich als glückliche Menschen zu bezeichnen. Sie gehen einer Beschäftigung nach, die ihnen Befriedigung und sogar tiefe Freude verschafft und die gleichzeitig ihre persönliche Entwicklung voranbringt.

En casa, am 15. September 1992

Ich habe ein Problem! Nein, nicht was Sie denken. Der Mensch mit dem Kinderkarussell hat ein Einsehen mit mir gehabt. Oder er ist ein kühler Rechner, der sich gezwungen sah, seine Konsequenzen aus der ständig sinkenden Nachfrage zu ziehen.

Mein Problem ist: Ich habe eine neue Welt entdeckt! Und das macht mir Sorgen. Denn ich kenne mich lange genug, um zu wissen, daß mich diese Entdeckung in den nächsten Wochen viel Zeit kosten wird. Zeit, die mir dann zum Schreiben fehlt.

Also: Am Roqua, meinem Baderevier, erschienen in den letzten Tagen immer so merkwürdige Typen in Gummianzügen und mit Stahlflaschen auf dem Rücken. Und die stiegen dann ins Wasser und verschwanden einfach. Nach einer Stunde oder so tauchten sie wieder auf, und wenn sie dann ans Ufer kamen, hatten sie so merkwürdig glänzende Augen. Was es da unten wohl zu sehen gibt?

Na ja. Das habe ich mir also ein paar Tage lang angesehen, und dann wurde es mir doch zu bunt. Immer diese glänzenden Augen, wenn sie, vor Erschöpfung kaum noch in der Lage, sich auf den Beinen zu halten, aus dem Wasser stiegen. Da unten muß doch irgend etwas sein!

Vorgestern habe ich mir frühmorgens eine Taucherbrille und einen Schnorchel besorgt und bin zum Roqua gefahren, um endlich rauszukriegen, was da unten los ist. Also, ich sofort ins Wasser, Brille auf, Schnorchel in den Mund und gleich losgelegt.

Und dann diese Enttäuschung! Kaum hatte ich den Kopf ins Wasser gesteckt, da meldete sich mein entrüstetes Großhirn: Das geht nicht. Unter Wasser kannst du nicht atmen!

Mein Großhirn scheint mich ziemlich gut zu kennen. Es ging tatsächlich nicht. Nach Luft japsend, dabei aber nur

Salzwasser einatmend, riß ich mir Brille und Schnorchel vom Kopf und stieg erst einmal wieder an Land. Nach ein paar weiteren, ebenso erfolglosen Versuchen war mir klar, was ich immer schon wußte: Wasser ist nicht mein Medium. Und überhaupt: Tauchen ist doof!

Nach einer (fast) schlaflosen Nacht machte ich mich dennoch gestern morgen wieder auf den Weg zum Roqua. Mit mentalem Training gerüstet und ein paar zusätzlichen Ideen im Kopf, wie ich mein Großhirn überlisten könnte.

Die letzten Minuten vor meinem neuerlichen Versuch, mir die Welt unter Wasser zu erobern, saß ich, mit Schnorchel und Brille, auf einem Felsen und versuchte, mich zu entspannen.

Dann stieg ich die Leiter hinunter. Ich stellte mir noch ein paarmal die Situation vor, die mich gleich erwartete und begann mein Programm. Einatmen – Kopf ins Wasser – weiter einatmen – Kopf raus. Na bitte, es klappt ja. Und dasselbe noch einmal. Und noch mal. Und dann wurde ich mutig: Einatmen – Kopf ins Wasser – weiter einatmen – ausatmen... ein... aus... ein... aus.

An der Leiter hatte sich inzwischen eine Schlange gebildet. Die Leute wollten ins Wasser und während ich den Zugang blockierte, schauten sie mir belustigt zu. Sollen sie doch! Aber dann mußte ich mich doch wohl oder übel vom sicheren Ufer trennen und wegschwimmen. Noch ein kurzes Aufflammen meiner Bedenken... Quatsch, ich kann's doch! Also Kopf ins Wasser und atmen – ganz ruhig: ein... aus... ein... Und ich konnte es tatsächlich. Mein Großhirn hatte keine Einwände mehr.

Ja, und seit gestern morgen habe ich also dieses Problem. Die Welt da unten ist einfach phantastisch. So geheimnisvoll und farbenprächtig. Ich kann mich kaum von ihr trennen. Der Reiz des Neuen, die Versuchung, die Lust am Nervenkitzel hat mich wieder gepackt. Ich schwimme immer weiter weg von der schützenden Bucht, entdecke immer neue Abgründe, Höhlen und Zauberlandschaften.

Meine ständigen Begleiter sind kleine silberne Fische mit schwarzen Bordüren an den Flossen. Sie lassen sich mit Brot füttern und scheinen überhaupt keine Angst zu haben. Ich hingegen schon. Respektvoll blicke ich in jeden Abgrund, vermute in jeder Höhle eine Muräne, hinter jedem Riff einen Rochen. Nicht wirklich... aber der Kitzel der Gefahr, des Unheimlichen, ist immer mit dabei.

Und so fällt es mir im Moment zum erstenmal, seit ich hier bin, schwer, weiterzuschreiben. Ich kann doch auf Ihr Verständnis hoffen, wenn ich mich jetzt für ein paar Tage verabschiede. Morgen muß ich mir unbedingt Flossen kaufen. Und dann wird wohl eins zum anderen kommen... Ich bin neugierig, wie das weitergeht!

5. Kapitel

Die Lust an der Angst – mehr als ein Fazit

Aus welchen Gründen auch immer sich Risikosucher Angst und Gefahr aussetzen, sie scheinen davon zu profitieren. Nicht nur, daß sie Fähigkeiten erwerben, die ihnen auch im Alltag zugute kommen, daß sie für ihren Mut mit intensiven und beglükkenden Erlebnissen belohnt werden, jetzt stellt sich zu guter Letzt auch noch heraus, daß Risikoverhalten wichtige Impulse für die persönliche Entwicklung setzen kann. Also, was hält Sie dann noch davon ab, ins nächste Sportgeschäft zu gehen, Bergstiefel, Seil und Haken zu kaufen und sich auf den Weg zur Eigernordwand zu machen?

Keine Angst! Das Fazit unserer Überlegungen wird nicht darin bestehen, Sie zu Risikoverhalten zu animieren. Das Meer allein in einem winzigen Segelboot überqueren, unbekannte Höhlen erforschen oder an Korallenriffen tauchen, ist, wie wir inzwischen ja wissen, nicht jedermanns Sache. Einen gewissen Hang zum Größenwahn, einen besonderen Reizhunger müssen Sie schon mitbringen, um in solchen Aktivitäten Ihre Befriedigung zu finden – wenn Sie sich schon nicht die kindliche Freude an Ihrer Entwicklung bewahrt haben.

Aber mal ganz im Ernst. Fallschirmspringen ist wirklich faszinierend. Und Bergsteigen, Gleitschirmfliegen oder Extremskifahren nicht minder. Um aber denselben Gewinn verzeichnen zu können wie Sky-Diver, Free-Climber und all die anderen Risikofanatiker, müssen Sie es weder den Vögeln gleich tun noch die Gipfel stürmen oder sonst irgendwelche waghalsigen Aktionen unternehmen. Denn das, womit wir uns beschäftigt haben, ist nur vordergründig die Lust an der Angst in Extremsituationen. Worum es tatsächlich geht, ist das Leben schlechthin. Und das findet bekanntlich immer und überall statt.

Ganz ohne Wagemut geht es aber nicht. Anders als der Volksmund, der demjenigen eine schlechte Prognose stellt, der sich in Gefahr begibt, glauben wir, daß die Auseinandersetzung mit Gefahren und Risiken für die Entwicklung und das Wachstum der Person sogar unverzichtbar ist. Allerdings müssen es keineswegs solche Gefahren sein, mit denen wir uns bisher beschäftigt haben – also weder der gefrorene Wasserfall oder die überhängende Wand noch der reißende Gebirgsbach. Risiken, und zwar durchaus lohnenswerte, bietet auch das Alltagsleben zur Genüge. Wir müssen sie nur erkennen und bereit sein, uns ihnen zu stellen. Dann können wir sie für unsere Entwicklung ebenso nutzbar machen, wie Risikosucher ihre Sehnsucht nach Angst und Gefahr.

Was sind das nun für Alltagsrisiken, deren Bewältigung für die persönliche Entwicklung so wertvoll sein kann wie der Sprung aus den Wolken oder die Jagd durch den Eiskanal? Etwa die Leopoldstraße, den Ku'damm oder die Königsallee bei »Rot« zu überqueren? Natürlich nicht. Dies zu wagen, wäre zwar zumindest in der Hauptverkehrszeit mehr als gefährlich (und im Vergleich zu echten Risikoaktivitäten wirklich überflüssig), der mögliche Gewinn würde aber vor allem in keinem Verhältnis zum Risiko und zu den Konsequenzen eines Scheiterns stehen.

Nein, die wirklich lohnenswerten Risiken sind viel weniger spektakulär. Man könnte sie fast als unscheinbar bezeichnen. Und dennoch sind sie mit mindestens so viel Angst besetzt wie diejenigen, mit denen wir es in Extremsituationen zu tun haben. Sie zeigen sich dann, wenn wir uns mit unseren geheimsten Ängsten auseinandersetzen, wenn wir versuchen, die Vorstellung von uns zu weiten, und uns an unsere Grenzen herantasten.

Gewohnheiten genauer unter die Lupe zu nehmen, sie zu durchleuchten und ihren Sinn und Nutzen zu hinterfragen, könnte ein erster Schritt in diese Richtung sein. Dann stellt sich möglicherweise heraus, daß manche von ihnen mit der Befriedigung, die sie uns irgendwann einmal verschaffen sollten, nichts mehr zu tun haben. Sie sind zu erstarrten Ritualen unserer Lebensgestaltung geworden, die zwar Schutz bieten, gleichzeitig aber auch unsere Entwicklung blockieren. Und solche

Gewohnheiten zu durchbrechen, in der Hoffnung, dann mehr von sich zu erfahren und neue Freiräume zu schaffen, das bedeutet tatsächlich, Risiken auf sich zu nehmen. Denn dort, wo wir Gewohnheiten verlassen, stoßen wir schnell und unmittelbar an unsere Grenzen. Und damit natürlich auch an unsere Angst.

Sich beispielsweise nur vorzustellen, den nächsten Urlaub nicht mehr ausschließlich zwischen Hotel und Strand zu verbringen, die Pizza in der einen Hand und die Dose Bier in der anderen, sondern sich, abseits der großen Touristenkarawanen, mit seinem Urlaubsort etwas intensiver zu beschäftigen und das Land, dessen Bewohner und deren Lebensweise wirklich kennenzulernen, kann schon manchen Alptraum auslösen.

Ängste werden dann wach, Ängste, die wir aus der Kindheit kennen und die wir glaubten, schon lange überwunden zu haben. Die Angst vor dem Fremden, dem Unheimlichen, vor dem Nicht-Verstehen, die Angst davor, die Dinge nicht mehr im Griff zu haben, keine Kontrolle mehr ausüben zu können. Wir wissen, was hinter all diesen Ängsten steckt: die Angst, daß sich die im Lauf unserer Entwicklung erworbene Überlebenstüchtigkeit als unzureichend erweisen und daß sich Gefühle der Hilflosigkeit und des Ausgeliefertseins einstellen könnten.

Für Kinder gehören solche Ängste noch zum Alltag. Und entsprechende Fähigkeiten haben sie zu deren Bewältigung parat. Wenn wir ihnen zusehen, wie schnell sie beispielsweise mit Kindern anderer Nationalität in Kontakt kommen, sich mit ihnen verständigen, ohne deren Sprache zu beherrschen, können wir nur neidvoll staunen. Was sie dazu befähigt, ist ihre Neugier, ihre Bereitschaft, sich von dem Unbekannten anziehen zu lassen und es sich vertraut zu machen, in dem sie sich mit ihm beschäftigen, es erforschen – so lange, bis es ihnen keine Angst mehr macht.

Und wie sieht es bei uns Erwachsenen aus mit unserer Fähigkeit, auf Neues zuzugehen? Zumindest was die Sensationsgier betrifft, können wir noch einigermaßen mithalten. Wer mischt sich nicht gerne unter die Schaulustigen, wenn ein Schlangenbeschwörer auf dem Djemaa el Fna in Marrakesch seine Kunststücke darbietet oder wenn Zigeuner in Granada Flamenco pur tanzen? Zuschauen, ja, das tun wir gelegentlich ganz gerne – aber bitte aus der Entfernung.

Im Überschwang der Urlaubsgefühle könnte es dann sogar passieren, daß wir Lust auf dieses unglaublich exotisch aussehende Gericht auf Nachbars Teller bekommen. Wenn aber die Speisekarte gerade heute »Wurstl con Krauti« anbietet, wird es schon wieder kritisch.

Wer könnte da noch widerstehen? Spätestens dann hat sie uns wieder eingeholt, die Angst vor dem Unbekannten, dem nicht kalkulierbaren Risiko.

Und zu Hause, in der trauten Umgebung, sind wir da mutiger, lassen wir uns wenigstens da einmal auf Neues ein? Mitnichten. Unsere Tage sind vollgestopft von Gewohnheiten und stumpfsinniger Routine. Wir erledigen unsere Arbeit so, wie wir es immer getan haben. Wir bewegen uns immer in denselben Zirkeln und führen dieselben belanglosen Gespräche. Und selbst unsere Nahrungsaufnahme regrediert, in einer Zeit, die sich besonders lust- und genußorientiert gebärdet, zum reinen Reproduktionsritual – weit entfernt von Sinnlichkeit und wahrem Genuß.

Aber nichts gegen Routine und Gewohnheiten. Sie sind für unser Leben und Überleben genauso wichtig wie die Luft zum Atmen oder die Angst vor dem Unbekannten. Sie geben uns Sicherheit, helfen uns, Zeit zu sparen und bewahren uns davor, mit unseren Energien allzu sorglos und zu verschwenderisch umzugehen. Wieviel anstrengender wäre beispielsweise das Autofahren, wenn man sich jedesmal wieder von neuem überlegen müßte, wie der Bewegungsablauf beim Schalten oder beim Steuern eines Fahrzeugs aussieht. Überflüssig zu erwähnen, daß man unter diesen Umständen einen Wagen noch nicht einmal einen Kilometer unfallfrei durch den Großstadtverkehr steuern könnte.

Und so ist es mit den meisten unserer Gewohnheiten. Sie spielen eine wichtige Rolle bei der Anpassung an unsere Lebensbedingungen und stellen damit eine entscheidende Voraussetzung für unsere Entwicklung dar. Ohne sie wären wir häufig nicht in der Lage, uns auf das Wesentliche zu konzentrieren und hätten kaum eine Chance, auf die unterschiedlichsten Anforderungen adäquat zu reagieren.

Ergreifen Gewohnheiten und Routine jedoch immer mehr Besitz von uns, tun wir nur noch das, was wir schon tausendmal getan haben, bewegen wir uns nur noch auf bekanntem Terrain und vermeiden jegliche neue Erfahrungen, dann werden die Sicherheitszonen, die uns Schutz bieten sollten, zu Gefängnissen. Unser Verhaltensrepertoire reduziert sich immer mehr auf die Fähigkeiten, die innerhalb seiner Mauern notwendig sind. Früher Beherrschtes wird wieder vergessen beziehungsweise verlernt, unser Selbstbild kann mit der zunehmenden Degeneration kaum noch Schritt halten. Entwicklung durch Öffnung neuer Wege, im Sinne von Differenzierung und Integration, findet unter diesen Umständen kaum mehr statt. Wir werden zu leblosen Schablonen dessen, was wir einmal waren – oder sein könnten.

Dabei ist es doch eigentlich gar nicht so schwierig, zumindest die Gewohnheiten, die unsere Entwicklung blockieren, gelegentlich zu durchbrechen und sich dadurch Freiräume zu schaffen. Sich auf Neues einzulassen, die ursprüngliche Neugier – das Interesse an dem, was hinter den Dingen steckt – wiederzubeleben und weiterzuentwickeln, setzt zunächst nur eine bewußte Entscheidung voraus. Um diese aber auch längerfristig tragfähig zu machen, das heißt, der Gefahr vorzubeugen, bei der erstbesten negativen Erfahrung wieder in das alte Fahrwasser zurückzukehren, bedarf es mehr. Offenheit gegenüber Unbekanntem oder Neuem ist eine Grundhaltung, die durch die Erwartung getragen wird, daß das, was man entdekken wird, in jedem Fall eine Bereicherung darstellt. Dies bedeutet aber nicht, daß man damit vor Enttäuschungen gewappnet ist. Wenn man Situationen zuläßt, deren Ausgang nicht von vornherein bekannt ist, werden sich zwangsläufig auch immer wieder unliebsame Überraschungen ergeben. Aber selbst diese sind von Nutzen. Denn sie haben zumindest einen Informationswert. Und genau so können sie auch betrachtet werden: als Erfahrungen, aus denen wir lernen – analog zu dem Weg, den wir als Kinder schon beschritten haben –, und die wir dazu benutzen können, unser Wissen von der Welt zu ergänzen, es mit anderem Wissen zusammenzubringen und zu immer komplexeren, umfassenderen Strukturen und Systemen auszubauen.

So kann der Weg aus der Routine und dem Alltagseinerlei schon bei dem besagten unbekannten Gericht auf der Speisekarte beginnen. Gewiß, nicht alles, was man nicht kennt, schmeckt auf Anhieb. Gemessen an dem möglichen Gewinn, einen weißen Flecken auf der Landkarte des Lebens zu beseitigen und damit gleichzeitig seine Eßgewohnheiten zu bereichern, ist das Risiko aber gering. Auch der Schweinebraten zu Hause oder die Pasta beim Italiener um die Ecke geraten nicht immer so, wie man es gerne hätte.

Mit jedem kleinen Schritt aus der täglichen Routine können sich neue Perspektiven auftun. Dem ersten fernsehfreien Tag nach Jahren der lethargisch erduldeten Dauerberieselung durch öffentlich-rechtliche und private Vorstellungen von guter Unterhaltung mag sich ein zweiter Versuch anschließen. Und wer weiß, vielleicht irgendwann auch der Griff zu dem Musikinstrument, das man vor vielen Jahren aus »Mangel an Zeit« in die Ecke gestellt hat.

Wenn man damit nicht nur Zeit bewältigt, sondern auch die Freude wiederentdeckt, hat man mehr gewonnen, als jede Form des Konsums bieten könnte.

Aber wahrscheinlich wollen wir das ja gar nicht. Was gibt es auch Schöneres, als die Verantwortung für das eigene Wohlbefinden in die Hände derer abzugeben, die ja sowieso viel besser wissen, was für uns richtig ist. Und es ist natürlich unser gutes Recht, uns nach einem Tag voller Mühen und Anstrengungen zum Beispiel vor den Fernsehapparat zu setzen und andere für uns arbeiten zu lassen. Dafür bezahlen wir ja schließlich!

Möglicherweise ist aber der Preis höher, als uns bewußt ist. Das reichhaltige Programmangebot der Fernsehanstalten ist nur eine Variante innerhalb des breiten Spektrums an Ablenkungen, die uns heute überall auflauern und die uns dazu verführen wollen, aktives Tun durch passives Konsumieren zu ersetzen. Und wenn westliche Industriegesellschaften auch als Konsumgesellschaften bezeichnet werden, dann bestimmt nicht, um kritisch darauf hinzuweisen, daß wir alles, was uns geboten wird, nur blindwütig und ohne Bewußtsein und wirklichen Genuß in uns hineinschlingen. Aber de facto ist es so! Nach dem Motto »Wer hart arbeitet, muß sich auch etwas leisten dürfen« versuchen wir, die Unzufriedenheit über unsere Lebensbedingungen durch schrankenlosen Konsum zu kompensieren und glauben, daß ein »Mehr« auch mehr Lebensqualität und mehr Genuß bedeutet.

Das ist natürlich ein gravierender Irrtum. Wirklicher Genuß bedeutet bewußten Umgang mit Bedürfnissen und setzt die Bereitschaft und die Fähigkeit voraus, steuernd in die Bedürfnisbefriedigung einzugreifen. Wenn wir also gerade heute Lust haben, den ganzen Abend vor dem Fernsehapparat zu verbringen, dann tun wir das ruhig. Sollten wir allerdings jeden Tag diesen unstillbaren Drang nach nimmer endendem Fernsehkonsum verspüren, könnte es kritisch werden für uns, unsere Selbstbestimmung und unsere Genußfähigkeit. Denn in dem Maß, in dem wir die Kontrolle über unser Wohlbefinden abgeben – zum Beispiel an eine Freizeitindustrie, die bei der Erzeugung immer neuer Bedürfnisse mit unserem Verlangen nach ohnmächtigem Konsum kaum mehr Schritt halten kann –, geht uns auch die Fähigkeit verloren, bewußt zu genießen. Und wenn uns nicht dasselbe Schicksal ereilen soll wie diejenigen Risikosucher, die süchtig nach Thrill und intensivem Erleben geworden sind, müssen auch wir lernen, die Befriedigung unserer Bedürfnisse selbst zum Inhalt von Kontrolle im Sinn eines bewußten Umgangs mit ihnen zu machen.

Ironischerweise sind unsere Chancen, dies tatsächlich zu bewerkstelligen, nicht einmal so schlecht. Unterstützung werden wir in der Natur finden. Die Begrenztheit der Ressourcen unserer Erde wird allen Prognosen nach schon morgen einen gewaltigen Konsumverzicht erzwingen. Und spätestens dann ist auch die Gelegenheit günstig, einen tiefgreifenden Wechsel in unseren Lebensgewohnheiten zu vollziehen und vielleicht auch im positiven Sinn zu den Wurzeln unserer Existenz zurückzukehren.

So lange müssen (und sollten) wir aber nicht warten. Veränderung ist zu jeder Zeit möglich, und Ansatzpunkte gibt es genügend. Vom Aufbrechen unsinniger und unsere Entwicklung blockierender Gewohnheiten haben wir gesprochen, ebenso vom Öffnen neuen Erfahrungen gegenüber und vom Ausloten unserer Grenzen. Wenn wir all dies berücksichtigen und bewußt und verantwortungsvoll mit unseren Bedürfnissen umgehen, wenn wir uns den wirklich wichtigen Herausforderungen unseres Lebens stellen und uns dadurch unseren Ängsten, aber auch unseren Chancen näher bringen, dann sollte auch im Alltagsleben das erreichbar sein, was Risikoverhalten für die, die es ausüben, so faszinierend und profitabel sein läßt: an den Anforderungen zu wachsen und eine Entwicklung zu vollziehen, die die Person als Ganzes mit all ihren Eigenschaften und Fähigkeiten miteinbezieht.

Daß dabei mehr als »nur« das Ausschöpfen unseres Potentials und die Entfaltung unserer Persönlichkeit herausspringen könnte, auch das zeigt uns das Beispiel der Risikosucher. Sie haben einen Weg gefunden, ihre Entwicklung an Aktivitäten zu knüpfen, die sie mit besonders viel Freude erfüllen und sie echte Glücksgefühle erleben lassen.

Und wenn wir uns die Determinanten von Flow nochmals in Erinnerung rufen, dann können wir vermuten, daß derartige Glücksgefühle keine besondere Erlebnisqualität von Risikoverhalten an sich darstellen, beziehungsweise auf dieses beschränkt sind, sondern, daß sie unter bestimmten Umständen bei allen möglichen anderen Aktivitäten ebenso auftreten können.

Vielleicht sogar beim Bügeln, beim Autofahren oder beim Ausfüllen des Formulars für die Steuererklärung! Wenn wir die Herausforderungen des Alltags so strukturieren, daß sie im Einklang mit unseren Fähigkeiten stehen – also weder zu leicht noch zu schwer sind –, wenn wir uns eindeutige, klar definierte Ziele setzen und lernen, auf die Rückmeldungen zu achten, die uns mitteilen, wie weit wir mit unseren Bemühungen schon gekommen sind, und wenn wir uns schließlich mit derselben Beharrlichkeit, Leidenschaft und Begeisterung an die Lösung unserer Aufgaben machen, wie Risikosucher an ihre, dann gibt es kaum eine Aktivität, die nicht zu einer, im Wortsinn, erfreulichen Tätigkeit werden kann. Erfreulich nicht zuletzt deshalb, weil wir uns damit jedesmal aufs neue beweisen, daß wir die Mittel besitzen, unser Befinden aktiv und unseren Wünschen entsprechend zu beeinflussen. Denn genau das ist allen gemeinsam – über die unterschiedlichsten Tätigkeiten und Inhalte hinweg –, die den Schlüssel zum Glück gefunden haben: das Wissen und die Fähigkeit, Glücksempfindungen kontrollieren und selbst erzeugen zu können.

Ihr Beispiel zeigt uns, daß das Glück nicht umsonst zu haben ist und schon gar nicht auf einem Silbertablett serviert wird. Wir müssen es uns, im Gegenteil, hart erarbeiten, uns seiner würdig erweisen. So wie wir es als Kinder zigmal getan haben, wenn uns die Welt vor ihre kleinen und großen Herausforderungen gestellt hat und wir mit jedem Erfolg, jedem Gelingen die Freude über unsere Entwicklung und unser Wachsen erleben durften. Viele haben es geschafft, sich dieses Wissen zu bewahren und sind auch als Erwachsene in der Lage, es ihren Fähigkeiten entsprechend anzuwenden.

Aber auch für alle anderen ist der Zugang zum Glück nicht auf Dauer versperrt. Wenn wir begreifen, daß Glück im Kopf stattfindet und nicht in der äußeren Welt der Dinge, haben wir eine gute Chance, unser Leben so zu gestalten, daß wir Freude auch aus den unscheinbarsten Gegebenheiten des Alltags ziehen können. Glück ist eine Frage des Bewußtseins. Und Kontrolle über das Bewußtsein zu erlangen, um sein Wohlbefinden unabhängig von den Zufällen und Unwägbarkeiten zu machen, die die Welt in jedem Augenblick für uns bereit hält, ist das höchste Ziel von Leben. Wenn Leben einen Sinn hat, dann nur diesen: zu leben – so wie der Sinn des Fallschirmspringens im Fallschirmspringen liegt. Diesen Sinn zu erfüllen, sind wir da.

Also wagen wir es.

Epilog

Irgendwo über den Wolken zwischen meiner Insel und München, am 29. September 1992

Ich sitze im Flugzeug und träume vor mich hin. Zehn Wochen liegen hinter mir. Erfüllt von traumhaftem Naturerleben, lieben Menschen, phantastischem Essen – und intensiver Auseinandersetzung mit der »Lust an der Angst«. Was will man mehr?

Dieses Buch zu schreiben, hatte ich mir nicht einfach vorgestellt. Im Gegenteil! Daß es aber so schwierig und gleichzeitig auch wieder so faszinierend sein würde, wäre mir nie in den Sinn gekommen. Und auch nicht, daß es mich derartig stark fordern würde.

Schmerzvolle Augenblicke waren dabei. Augenblicke der Erinnerung, des Erkennens und Begreifens meiner eigenen Geschichte. Doch auch der Schmerz hat mich weitergebracht. Dahinter taten sich immer wieder neue Erkenntnisse, neue Horizonte auf. Es war spannend und erregend, sich das Thema, den eigenen Bezug und die Dramaturgie eines Buches Stück für Stück zu erarbeiten.

Ja, Arbeit war es tatsächlich, harte Arbeit. Oft genug aber auch pure Freude! Dann, wenn sich mir wieder ein kleines Stück mehr an »Wahrheit« offenbarte, wenn ich mich durch das trockene Konzeptionieren durchgeschunden hatte und meinen Ideen, Assoziationen und Phantasien wieder freien Lauf lassen durfte, wenn sich aus einem kleinen Lichtblick ein Silberstreif entwickelte und wenn der dann auch noch der Wirklichkeit ganz nahe zu kommen schien, dann konnte mich auch die vorgerückte Stunde nicht vom Weiterschreiben abhalten, selbst wenn es schon fünf Uhr morgens war.

Vieles aus meiner ureigenen Geschichte hat sich mir in den vergangenen zehn Wochen entschlüsselt. Vieles habe ich auch festgehalten – für mich. Und der Rest? Der liegt jetzt in Form einer Diskette und einer Unzahl vollgekritzelter Manuskriptseiten zusammen mit meinem kaputten Computer wohlverstaut in der Handgepäck-Ablage über mir. Ich bin zufrieden. Mehr als das! Ich kann mich beruhigt zurücklehnen und noch ein bißchen träumen.

Gerade teilt der Captain über sein Bordmikrofon mit, daß wir uns bereits auf der Höhe von Zürich befinden. Noch etwa dreißig Minuten Flugzeit bis zur Landung. Ach, zu Hause ist es auch schön. Anders halt, aber eben auch schön. Die Familie wiedersehen, die Freunde – ich beginne, mich langsam auf sie zu freuen. Ich sehe aus dem Fenster und blinzle in die Spätnachmittagssonne. Die Maschine verläßt ihre Flughöhe und beginnt den Landeanflug. Die Wolkendecke unter uns kommt immer näher. Sie sieht aus wie ein riesiger Wattebausch. Da hineinspringen, das wäre jetzt der Superkick!

Apropos Springen. Wo ist eigentlich meine Lizenz? Unruhig geworden durchwühle ich meine Brieftasche. Da ist sie. Gott sei Dank! Ich dachte schon... Was steht auf dem Beiblatt? Gültig bis... 2.8.92. Das darf doch nicht wahr sein! Meine Lizenz ist abgelaufen. Ich bin seit mehr als einem Jahr nicht mehr gesprungen. Ich muß in den nächsten Wochen mindestens vier Sprünge machen, wenn meine Lizenz nicht verfallen soll.

Meine Stimmung ist schlagartig auf dem Nullpunkt. Jetzt geht das ganze Theater wieder von vorn los. Ich hasse es! WARUM, VERDAMMT NOCH MAL, TUE ICH MIR DAS IMMER WIEDER AN?

Ja, richtig, warum eigentlich? Sollten mir die letzten zehn Wochen nicht vielleicht doch mehr gebracht haben als nur ein Buch?

Man wird sehen...